ERSTE AUSGABE - Veröffentlicht 2022

Extra Grafikmaterial von: www.freepik.com
Dank an: Alekksall, Starline, Pch.vector, Rawpixel.com, Vectorpocket, Dgim-studio, Upklyak, Macrovector, Stockgiu, Pikisuperstar & Freepik.com Designers

Kostenlose Online-Spiele Entdecken

Hier Erhältlich:

BestActivityBooks.com/FREEGAMES

5 TIPPS FÜR DEN ANFANG!

1) LÖSUNG DER RÄTSEL

Die Puzzles haben ein klassisches Format :

- Die Wörter sind ohne Abstand, Bindetrich usw… versteckt
- Richtung : vor-& rückwärts, auf & ab oder in der Diagonale (beider Richtungen)
- Die Wörter können übereinanderliegen oder sich kreuzen

2) AKTIVES LERNEN

Neben jedem Wort ist ein Abstand vorgesehen zum Aufschreiben der Übersetzung. Um ihre Kenntnisse zu überprüfen und zu erweitern befindet sich am Ende des Buches ein **WÖRTERBUCH**. Suchen sie die Übersetzungen, schreiben sie sie auf, dann können sie sie in den. Puzzles suchen und ihrem Wortschatz hinzufügen.

3) ANZEICHNUNG DER WÖRTER

Haben sie schon einmal versucht eine Anzeichnung zu verwenden? Sie könnten zum Beispiel die Wörter, die schwer zu finden sind, ankreuzen, die Wörter, die sie lieben, mit einem Stern, neue Wörter mit einem Dreieck, seltene Wörter mit einem Diamant usw … anzeichnen

4) IHR LERNEN ORGANISIEREN

Am Ende dieser Ausgabe bieten wir auch ein praktisches **NOTIZBUCH** an. Ob im Urlaub, auf Reisen oder zu Hause, sie können ihr neues Wissen ganz einfach organisieren, ohne ein zweites Notizbuch zu benötigen!

5) SIND SIE AM SCHLUSS ?

Gehen sie zum Bonusbereich : **MONSTER-HERAUSFÖRDERUNG,** um ein kostenloses Spiel zu finden, das am Ende dieser Ausgabe angeboten wird !

Lust auf mehr Spaß und **Lernaktivitäten? Schnell und einfach :** eine ganze Spielbuchsammlung mit einem einzigen Klick erhaltbar :

Mit diesem Link finden sie ihre nächste Herausforderung :

BestActivityBooks.com/MeineNachsteWortsuche

Achtung, fertig, ... Los !!

Wussten sie, dass es auf der Welt ungefähr 7.000 verschiedene Sprachen gibt ? Wörter sind kostbar.

Wie lieben Sprachen und haben schwer daran gearbeitet, die Bücher von höchster Qualität für sie zu entwerfen. Unsere Zutaten ?

Eine Auswahl von angepassten Lernthemen, drei große Scheiben Spaß, dann fügen wir einen Löffel schwieriger Wörter und eine Prise seltener Wörter hinzu. Wir servieren sie mit Sorgfalt und ein Maximum an Freude, damit sie die besten Wortspiele lösen und Spaß am Lernen haben.

Ihre Meinung ist wichtig. Sie können aktiv zum Erfolg dieses Buches beitragen, indem sie uns eine Bemerkung hinterlassen. Sagen sie uns, was ihnen an dieser Ausgabe am besten gefallen hat !!

Hier ist ein kurzer Link, der sie zu ihrer Bewertungsseite führt

BestBooksActivity.com/Rezension50

Vielen Dank für ihre Hilfe und viel Spaß

Linguas Classics

1 - Ozean

绘	乐	拼	趣	足	园	潮	汐	品	针	读	园	缝	乐
影	法	魔	品	摄	瓷	缝	缝	针	利	牡	蛎	摄	能
针	鲸	螃	蟹	陶	舞	能	术	针	棒	读	术	摄	鱼
品	魔	暇	狩	狩	盐	鱼	益	猎	图	暇	足	足	棒
动	棒	珊	艺	礁	足	露	读	瓷	风	棒	钓	技	舞
鱼	瓷	园	瑚	画	戏	利	营	松	暴	动	戏	足	拼
瓷	金	放	利	绘	动	鱼	读	狩	瓷	放	园	纫	击
园	枪	绘	图	工	暇	足	拳	图	戏	瓷	波	浪	游
鲨	鱼	篮	能	瓷	游	益	摄	远	影	图	钓	露	摄
虾	乐	跳	营	乐	暇	织	瓷	魔	缝	魔	影	击	术
海	绵	猎	乐	船	法	篮	猎	击	纫	趣	艺	影	品
艺	鳗	织	拳	魔	利	阅	工	放	海	游	拳	露	拳
利	章	鱼	阅	针	乌	钓	跳	摄	蜇	海	暇	益	鱼
工	利	动	拳	缝	龟	拼	戏	游	钓	豚	篮	暇	摄

鳗<u>鱼</u>　　　　章<u>鱼</u>
牡<u>蛎</u>　　　　海<u>蜇</u>
海<u>豚</u>　　　　乌<u>龟</u>
潮<u>汐</u>　　　　海<u>绵</u>
鲨<u>鱼</u>　　　　风<u>暴</u>
珊<u>瑚</u>　　　　金枪<u>鱼</u>
螃<u>蟹</u>　　　　波<u>浪</u>

针	午	餐	狩	动	铅	椅	读	乐	棒	能	球	摄	工
利	摄	篮	松	猎	笔	子	游	趣	图	术	狩	能	读
法	朋	绘	跳	园	阅	棒	利	法	跳	活	潜	鱼	法
纫	友	能	篮	乐	法	品	测	验	纸	文	老	师	戏
影	图	绘	缝	篮	戏	活	动	足	狩	件	猎	绘	瓷
术	能	球	跳	阅	动	潜	益	猎	猎	夹	瓷	利	远
利	击	法	足	露	远	舞	绘	瓷	能	活	猎	猎	利
棒	猎	跳	技	影	益	艺	拼	拳	拳	放	篮	魔	品
数	字	术	钓	园	益	狩	摄	棒	课	露	魔	数	活
答	案	远	营	足	绘	放	考	活	棒	堂	缝	园	学
影	瓷	图	书	馆	露	跳	试	绘	魔	潜	跳	放	活
字	画	摄	籍	瓷	纫	动	图	棒	绘	摄	活	缝	法
技	母	棒	跳	笔	魔	绘	营	摄	球	拳	营	拳	乐
球	露	技	动	放	篮	猎	利	工	动	篮	利	舞	鱼

字母
答案
图书馆
铅笔
书籍
朋友
课堂
老师

数学
午餐
文件夹
考试
测验
乐趣
椅子
数字

3 - Meditation

同	阅	魔	影	拳	露	露	戏	狩	狩	影	动	姿	能
情	拳	织	远	陶	针	棒	活	能	感	激	心	纫	势
趣	篮	魔	松	利	戏	画	活	阅	跳	狩	理	益	工
拳	技	远	趣	趣	击	工	陶	拳	舞	接	受	乐	图
猎	足	拳	活	织	游	趣	潜	松	露	画	陶	品	乐
放	读	足	拼	益	趣	利	技	魔	运	动	魔	放	缝
钓	露	阅	读	图	大	读	术	陶	活	拳	影	活	钓
球	读	明	益	狩	自	棒	游	鱼	透	视	暇	活	舞
洞	平	静	晰	猎	然	读	戏	缝	潜	游	画	技	益
察	鱼	拼	音	乐	动	摄	游	动	足	技	舞	沉	陶
力	乐	纫	瓷	幸	足	益	法	和	篮	善	良	默	击
织	乐	鱼	魔	福	园	钓	技	远	平	醒	潜	利	篮
棒	纫	针	工	跳	松	画	术	工	品	远	法	呼	益
动	猎	猎	利	戏	猎	能	游	营	园	瓷	跳	吸	跳

接受
呼吸
运动
感激
洞察力
善良
和平
心理
幸福

姿势
明晰
同情
音乐
大自然
透视
平静
沉默

4 - Insekten

技	棒	松	球	读	技	针	松	击	跳	猎	能	暇	动
艺	营	潜	营	魔	松	蠕	幼	潜	蝴	蝶	绘	暇	球
园	猎	陶	猎	暇	术	甲	虫	缝	远	陶	法	魔	读
露	趣	蚜	蛾	画	园	远	潜	拼	蟑	陶	乐	术
纫	鱼	读	利	猎	松	远	戏	利	螂	术	摄	足
放	营	戏	陶	猎	露	松	拳	蚊	法	利	动	远	暇
活	织	趣	绘	技	技	白	蚁	图	子	法	戏	艺	放
针	瓢	虫	猎	潜	螳	螂	远	舞	钓	远	蜻	蝉	跳
品	露	钓	放	钓	露	球	游	动	术	球	蜓	戏	蚤
技	阅	陶	棒	园	园	拼	读	画	动	球	纫	织	篮
法	乐	活	营	益	放	戏	营	能	游	游	游	钓	影
趣	绘	缝	技	乐	蚱	蜢	潜	蚂	蚁	园	露	园	魔
拼	动	法	魔	放	艺	艺	益	游	蜜	黄	露	魔	游
游	击	益	艺	潜	放	能	纫	大	黄	蜂	乐	营

蚂蚁
蜜蜂
跳蚤
螳螂
蚱蜢
大黄蜂
蟑螂
甲虫

幼虫
蜻蜓
瓢虫
蚊子
蝴蝶
白蚁
黄蜂
蠕虫

5 - Dinosaurier

动	舞	大	足	尺	消	失	益	击	乐	织	织	读	猎
翅	松	史	前	放	寸	织	钓	篮	绘	趣	影	魔	物
能	膀	绘	织	绘	读	画	法	露	工	鱼	瓷	露	种
影	动	影	进	品	能	篮	杂	术	能	园	击	画	读
舞	法	针	化	拼	利	图	食	陶	游	钓	画	狩	织
击	暇	织	缝	球	球	魔	动	钓	足	恶	毒	地	球
图	艺	阅	能	露	陶	影	物	缝	巨	放	强	食	跳
棒	击	食	读	足	跳	工	术	猛	禽	大	大	肉	乐
益	艺	草	化	石	能	技	露	犸	拼	艺	舞	动	足
爬	行	动	物	织	陶	篮	猎	象	织	足	猎	物	魔
狩	放	物	幼	足	摄	织	暇	织	狩	织	暇	尾	巴
钓	艺	游	趣	动	戏	营	营	暇	能	瓷	动	阅	能
放	艺	图	幼	幼	益	乐	足	技	幼	狩	营	游	能
图	狩	狩	拼	舞	趣	击	舞	跳	益	棒	瓷	利	游

杂食动物	尺寸
物种	强大
猎物	猛犸象
恶毒	食草动物
巨大	史前
地球	猛禽
进化	爬行动物
食肉动物	尾巴
翅膀	消失
化石	

6 - Obst

营 潜 乐 鳄 读 跳 击 钓 营 远 品 暇 阅 针
拼 画 缝 梨 李 子 狩 阅 工 击 活 篮 瓜 园
舞 击 松 摄 针 读 戏 瓷 益 魔 工 远 摄 影
拼 摄 猎 拼 摄 工 营 暇 棒 潜 缝 工 动 益
技 跳 动 梨 利 工 图 益 松 利 狩 松 足 露
营 露 舞 园 木 远 击 跳 图 香 蕉 瓷 读 戏
利 桃 纫 鱼 瓜 阅 营 松 纫 远 图 油 樱 能
游 鱼 橙 织 阅 舞 球 葡 萄 跳 狝 猴 桃 球
黑 莓 色 跳 动 球 鱼 营 活 益 拼 拼 针 品
苹 浆 果 能 放 读 针 放 活 园 针 覆 盆 子
果 菠 萝 阅 图 乐 画 针 趣 舞 缝 纫 放 影
工 营 潜 杏 缝 篮 阅 猎 品 读 钓 游 猎 陶
足 品 能 陶 绘 缝 读 阅 棒 针 暇 钓 绘 针
织 摄 术 舞 柠 檬 乐 椰 子 篮 营 远 陶 能

菠萝
苹果
鳄梨
香蕉
浆果
黑莓
覆盆子
樱桃

狝猴桃
椰子
油桃
橙色
木瓜
李子
葡萄
柠檬

7 - Schule #2

棒	篮	工	狩	球	松	阅	纫	拼	园	科	学	学	习
品	纸	暇	狩	读	趣	棒	读	针	足	技	动	读	阅
球	老	师	陶	教	育	棒	读	陶	利	摄	工	利	背
放	篮	日	历	技	钓	球	趣	图	跳	狩	暇	拼	包
鱼	游	猎	趣	松	影	工	织	缝	足	陶	园	艺	技
潜	技	鱼	趣	技	狩	舞	法	棒	利	绘	法	魔	放
钓	放	品	图	织	绘	露	针	趣	阅	钓	击	暇	戏
工	足	营	拼	书	乐	图	猎	篮	技	橡	皮	语	针
绘	绘	瓷	织	读	馆	文	狩	潜	陶	鱼	周	法	瓷
狩	鱼	动	品	影	放	献	陶	狩	铅	笔	末	远	瓷
活	拼	远	陶	陶	跳	技	读	篮	技	瓷	技	猎	园
乐	篮	剪	针	画	读	游	读	艺	读	狩	球	术	园
棒	露	刀	术	字	典	总	线	摄	动	摄	阅	益	术
书	籍	电	脑	舞	动	猎	法	绘	鱼	品	利	潜	绘

图书馆	学习
教育	阅读
铅笔	文献
总线	橡皮
书籍	背包
电脑	剪刀
语法	科学
日历	周末
老师	字典

8 - Spielzeuge

工	乐	棒	足	图	针	陶	品	松	露	棒	工	工	足
击	击	暇	术	读	鱼	纫	游	戏	戏	游	潜	营	足
想	象	力	影	工	工	乐	绘	陶	拼	画	法	球	放
潜	狩	纫	露	缝	影	舞	放	活	技	拳	绘	工	棒
自	摄	阅	利	读	能	狩	棒	游	远	技	拳	动	工
最	行	魔	缝	黏	土	织	绘	纫	露	钓	暇	飞	暇
篮	喜	车	舞	活	拼	汽	营	鱼	营	法	娃	机	趣
船	摄	欢	工	艺	品	车	球	活	读	拳	娃	器	猎
书	游	能	的	图	法	能	棋	阅	露	击	陶	人	松
籍	蜡	织	图	拳	法	火	车	游	工	暇	球	风	猎
瓷	笔	缝	舞	阅	品	园	乐	舞	缝	品	足	筝	动
猎	绘	利	舞	阅	工	魔	狩	缝	益	拳	瓷	鱼	舞
狩	卡	戏	法	游	法	瓷	陶	足	能	摄	露	工	魔
钓	车	鼓	钓	魔	游	纫	放	读	陶	工	绘	远	画

汽车	卡车	
蜡笔	想象力	
书籍	娃娃	
风筝	机器人	
自行车	游戏	
最喜欢的	黏土	
飞机	火车	
工艺品		

9 - Komödie

益 园 艺 聪 猎 暇 瓷 击 园 缝 鱼 动 篮 陶
织 趣 鱼 明 工 笑 能 织 读 游 图 读 观 能
模 仿 类 型 球 话 营 足 拳 技 摄 艺 众 众
远 法 摄 能 益 笑 瓷 放 术 露 读 图 远 画
击 舞 鱼 工 织 趣 声 游 球 猎 电 拳 读 画
戏 暇 利 放 活 暇 跳 拼 术 摄 视 画 术 缝
技 活 瓷 影 图 法 活 猎 戏 篮 术 瓷 技 足
拳 园 鱼 拳 摄 术 戏 工 乐 远 掌 声 工 露
钓 暇 拼 图 狩 趣 狩 乐 趣 足 趣 女 乐 艺
园 阅 利 读 跳 活 绘 绘 乐 艺 幽 演 员 鱼
狩 乐 趣 击 活 暇 图 猎 品 艺 幽 员 乐 戏
法 读 影 绘 舞 即 兴 创 作 小 丑 默 放 织
阅 富 有 表 现 力 园 艺 剧 拳 钓 跳 工 陶
工 营 趣 缝 暇 术 陶 钓 院 园 露 读 拼 狩

掌声　　　　　　　　　笑声
富有表现力　　　　　模仿
小丑　　　　　　　　　观众
电视　　　　　　　　　演员
类型　　　　　　　　　女演员
幽默　　　　　　　　　乐趣
即兴创作　　　　　　剧院
聪明　　　　　　　　　笑话
有趣

10 - Camping

吊	鱼	画	艺	动	活	猎	动	瓷	猎	阅	魔	暇	工
益	床	拳	远	鱼	读	球	术	缝	独	木	舟	钓	品
拳	摄	地	读	游	针	足	术	织	法	读	罗	盘	远
利	足	艺	图	猎	活	舞	品	能	影	影	击	法	织
森	林	山	跳	篮	画	舞	幼	松	读	动	鱼	动	猎
绳	帽	舞	针	游	工	昆	虫	摄	阅	图	拳	自	击
放	子	幼	乐	活	影	跳	能	阅	阅	缝	阅	大	影
画	击	露	趣	游	营	魔	松	拼	拼	幼	松	自	营
动	猎	拳	篮	拳	湖	读	陶	摄	营	阅	然	利	活
物	缝	拼	跳	园	猎	击	暇	动	冒	远	园	露	幼
鱼	猎	潜	营	陶	活	鱼	灯	笼	险	艺	艺	拳	读
乐	拼	鱼	月	亮	棒	潜	影	瓷	棒	球	缝	潜	火
游	影	棒	跳	狩	阅	跳	缝	帐	舱	狩	松	工	工
图	画	放	动	暇	露	织	乐	篷	能	放	篮	画	趣

冒险
吊床
帽子
昆虫
狩猎
独木舟
地图
罗盘

灯笼
月亮
大自然
绳子
乐趣
动物
森林
帐篷

11 - Zeit

晚	鱼	动	远	读	舞	摄	足	针	足	世	缝	艺	小
拼	上	陶	织	舞	瓷	活	趣	针	纪	潜	球	艺	时
狩	园	读	纫	狩	棒	趣	拳	针	绘	园	陶	艺	益
乐	篮	猎	法	中	益	绘	松	拳	昨	天	活	击	营
现	在	营	松	午	月	读	远	十	年	影	游	术	鱼
足	趣	动	活	利	舞	织	缝	利	远	影	狩	潜	远
松	织	营	鱼	篮	狩	针	工	周	益	戏	放	读	园
工	球	影	能	戏	益	能	缝	松	今	影	篮	潜	园
击	松	以	早	晨	狩	影	利	影	天	陶	读	潜	游
分	钟	前	游	足	足	暇	纫	舞	钓	读	未	鱼	图
球	远	术	缝	暇	远	篮	工	绘	活	后	来	术	工
时	钟	每	游	影	利	拼	放	纫	棒	工	趣	摄	艺
趣	远	年	暇	篮	日	篮	露	摄	日	法	术	拼	园
利	乐	棒	画	瓷	陶	拼	拳	品	历	击	利	工	营

昨天　　中午
今天　　早晨
世纪　　晚上
十年　　小时
每年　　时钟
现在　　以前
日历　　未来
分钟

12 - Säugetiere

游	画	暇	狮	狐	狸	动	图	影	画	园	放	潜	技
织	绘	乐	击	子	击	暇	舞	篮	豹	利	利	营	画
鱼	公	牛	猴	趣	舞	狗	球	棒	长	读	营	活	画
针	拼	动	绘	子	绘	术	放	棒	颈	远	舞	术	读
乐	趣	狩	读	篮	利	艺	潜	舞	鹿	动	阅	术	暇
鱼	狩	暇	图	熊	拼	摄	拼	潜	鱼	活	术	摄	利
利	乐	针	动	影	跳	绘	足	影	活	能	跳	拳	远
大	猩	猩	球	活	狩	利	拳	品	营	戏	袋	暇	鱼
舞	趣	乐	舞	读	海	狸	狩	乐	暇	艺	魔	鼠	潜
法	法	品	益	法	远	艺	乐	狩	斑	趣	魔	阅	鱼
放	鼠	潜	棒	摄	球	利	足	工	马	工	舞	技	击
绘	足	影	钓	狩	郊	足	动	针	足	猎	织	舞	潜
羊	大	象	益	能	狼	球	趣	工	影	图	老	虎	篮
猎	针	放	暇	鲸	动	摄	读	品	术	利	远	远	织

猴子　　　　　袋鼠
海狸　　　　　郊狼
大象　　　　　狮子
狐狸　　　　　公牛
长颈鹿　　　　老虎
大猩猩　　　　斑马

13 - Astronomie

拼	狩	狩	跳	摄	影	读	织	营	工	远	球	品	击
拳	游	纫	望	松	画	针	足	露	拳	乐	趣	术	绘
拳	陶	远	远	暇	益	技	太	露	能	绘	术	动	读
潜	足	暇	镜	黄	道	带	阳	火	箭	图	技	图	地
针	活	游	图	工	游	球	鱼	利	绘	乐	益	放	球
绘	小	超	阅	露	缝	猎	读	趣	棒	陶	瓷	瓷	猎
利	行	星	新	卫	松	露	摄	陶	术	足	宇	宙	瓷
拳	星	座	跳	星	能	游	鱼	击	营	画	航	流	品
利	星	魔	天	钓	工	工	暇	星	活	篮	员	画	星
陶	拳	品	文	空	缝	狩	棒	云	品	园	读	魔	术
拼	园	图	台	游	园	缝	狩	能	松	法	益	拼	陶
月	亮	阅	拼	影	棒	狩	游	戏	动	趣	法	松	猎
篮	品	纫	拳	瓷	拳	钓	绘	图	魔	瓷	技	拳	纫
足	瓷	艺	彗	星	艺	露	拼	戏	陶	天	文	学	家

小行星
宇航员
天文学家
地球
天空
彗星
星座
流星
月亮
星云

天文台
行星
火箭
卫星
太阳
星星
超新星
望远镜
黄道带
宇宙

14 - Ballett

篮	园	营	跳	富	陶	画	潜	魔	管	游	松	音	织
园	拳	针	趣	有	艺	影	术	狩	弦	艺	缝	乐	阅
乐	缝	舞	益	表	放	纫	舞	阅	乐	利	针	术	球
球	潜	阅	利	现	作	曲	家	节	队	园	利	趣	潜
工	摄	绘	魔	力	舞	摄	独	奏	缝	实	艺	影	图
益	风	针	露	舞	图	游	击	拼	纫	品	践	园	绘
技	格	狩	活	针	动	法	趣	肌	益	舞	绘	击	魔
能	技	缝	摄	动	鱼	阅	舞	肉	品	动	露	手	势
艺	术	的	瓷	阅	活	利	术	阅	园	掌	针	益	乐
摄	织	图	画	钓	法	露	跳	露	工	读	声	利	工
织	拳	鱼	影	趣	动	游	织	趣	工	鱼	针	趣	潜
露	艺	技	足	击	松	球	狩	编	动	观	瓷	活	纫
阅	拼	活	瓷	球	远	图	摄	舞	者	众	法	强	织
乐	陶	趣	益	品	品	拳	足	益	工	摄	法	活	度

掌声	肌肉
富有表现力	管弦乐队
编舞	实践
技能	观众
手势	节奏
强度	独奏
作曲家	风格
艺术的	舞者
音乐	技术

15 - Strand

乐	球	品	阅	能	术	活	能	术	棒	陶	凉	纫	营
鱼	沙	篮	鱼	法	远	击	趣	篮	海	猎	鞋	游	品
暇	营	技	露	足	舞	纫	摄	钓	岸	影	纫	能	戏
技	舞	击	篮	阅	猎	艺	击	魔	绘	能	能	蓝	狩
园	码	头	松	品	技	太	针	鱼	乐	螃	潜	色	钓
松	动	拳	魔	趣	营	魔	阳	画	织	蟹	益	陶	拳
阅	假	期	瓷	活	读	钓	活	海	洋	工	跳	击	魔
潜	跳	潜	棒	露	利	岛	利	艺	泻	画	舞	毛	戏
影	益	篮	击	跳	读	陶	织	拳	湖	陶	利	巾	松
利	影	趣	品	陶	帆	钓	钓	魔	缝	游	游	动	松
魔	松	动	陶	品	远	船	能	术	拼	陶	图	营	松
露	戏	动	读	动	利	摄	利	摄	伞	戏	猎	鱼	园
篮	足	图	暇	足	品	球	跳	图	击	营	狩	松	松
绘	球	放	魔	击	瓷	远	品	拳	暇	礁	营	鱼	能

蓝色	海洋
码头	凉鞋
毛巾	帆船
螃蟹	太阳
海岸	假期
泻湖	

16 - Restaurant #1

跳	动	织	读	动	鱼	狩	图	远	舞	品	园	影	趣
鸡	营	缝	过	敏	纫	影	辣	舞	跳	魔	跳	鱼	活
棒	食	物	活	趣	盘	子	利	趣	图	松	拼	潜	松
甜	利	酱	戏	舞	图	松	棒	织	出	纳	员	松	阅
针	点	放	品	摄	游	松	法	菜	趣	猎	碗	远	棒
纫	潜	松	厨	房	针	技	活	摄	单	拳	露	乐	益
暇	远	技	钓	缝	画	瓷	能	园	阅	放	女	餐	面
暇	纫	游	读	益	狩	趣	瓷	露	猎	足	服	巾	包
陶	击	利	魔	放	能	松	园	法	阅	陶	务	活	鱼
能	松	露	潜	拳	法	绘	活	品	露	魔	员	击	跳
瓷	摄	钓	园	篮	摄	露	艺	钓	能	技	戏	技	游
陶	活	跳	肉	动	利	纫	活	棒	趣	远	拼	品	魔
能	远	篮	篮	棒	保	绘	绘	放	品	营	钓	松	暇
击	瓷	乐	篮	舞	留	咖	啡	刀	阅	瓷	游	织	活

过敏　　　　　　　　女服务员

面包　　　　　　　　厨房

甜点　　　　　　　　菜单

食物　　　　　　　　保留

咖啡　　　　　　　　餐巾

出纳员　　　　　　　盘子

17 - Geologie

技 术 读 跳 工 石 松 洞 益 篮 击 图 篮 暇
纫 间 盐 技 露 头 钓 穴 侵 蚀 缝 动 瓷 摄
篮 歇 图 舞 工 工 针 艺 戏 益 能 游 针 钓
绘 泉 区 大 陆 鱼 拼 钓 露 暇 松 摄 乐 露
鱼 活 针 影 针 魔 阅 远 放 狩 远 乐 艺 拼
影 营 图 影 工 魔 瓷 益 钟 织 游 鱼 摄 猎
活 熔 放 绘 远 活 戏 趣 拳 乳 瓷 拼 技 阅
钙 岩 缝 阅 魔 法 球 球 瓷 石 英 潜 影
潜 缝 艺 针 工 篮 技 法 跳 足 能 酸 瓷 阅
化 石 摄 跳 动 远 珊 远 魔 阅 暇 猎 能 球
足 缝 摄 球 猎 足 瑚 远 暇 猎 猎 放 放 跳
矿 地 震 石 绘 艺 阅 工 画 织 织 能 拼 活
物 篮 远 露 摄 周 期 摄 影 火 山 戏 瓷
高 原 摄 拳 鱼 陶 足 远 球 艺 能 活 狩 读

地震
侵蚀
化石
间歇泉
洞穴
大陆
珊瑚
熔岩

矿物
高原
石英
石笋
钟乳石
石头
火山
周期

18 - Wissenschaft

大	工	事	实	营	露	生	进	陶	画	球	拳	钓	织
足	自	缝	验	矿	物	化	石	植	物	影	工	绘
潜	利	然	室	跳	拼	游	猎	针	暇	松	戏	球	绘
益	狩	益	松	潜	读	图	能	营	能	纫	陶	趣	放
棒	击	趣	拳	瓷	利	利	舞	棒	拼	击	拳	物	暇
游	图	摄	游	缝	趣	足	魔	能	露	摄	缝	球	理
篮	戏	暇	工	摄	瓷	动	魔	魔	织	技	技	跳	魔
艺	舞	暇	气	放	缝	露	化	钓	利	艺	暇	摄	活
益	戏	钓	候	动	篮	露	学	品	跳	暇	工	方	法
读	松	营	术	球	击	松	的	钓	放	针	影	艺	舞
园	狩	戏	缝	放	拼	粒	子	科	学	家	原	重	魔
工	活	法	摄	拼	读	游	织	法	缝	分	子	力	趣
潜	实	动	活	暇	读	拼	篮	工	游	假	趣	数	据
球	放	验	艺	利	戏	陶	篮	拼	乐	设	鱼	益	法

原子   矿物

化学的   分子

数据   大自然

进化   生物

实验   粒子

化石   植物

假设   物理

气候   重力

实验室   事实

方法   科学家

19 - Bildende Kunst

艺	照	足	拼	鱼	品	瓷	击	拳	艺	术	法	营	益
舞	片	活	狩	棒	阅	工	益	趣	针	纫	游	品	击
能	利	法	园	戏	远	钓	远	跳	狩	工	击	艺	动
魔	园	足	能	利	魔	肖	像	织	看	陶	画	营	针
读	纫	钓	狩	暇	阅	绘	猎	陶	法	舞	架	游	画
益	能	摄	跳	技	陶	活	趣	鱼	球	画	瓷	球	足
雕	塑	陶	击	术	趣	暇	松	远	营	摄	暇	瓷	术
技	铅	暇	纫	读	棒	篮	松	篮	术	创	造	力	暇
粉	笔	鱼	舞	绘	图	狩	营	益	舞	纫	钓	工	针
艺	木	艺	影	画	画	法	益	杰	阅	暇	钓	狩	鱼
术	瓷	炭	陶	拳	游	法	技	作	魔	活	乐	远	潜
家	模	具	织	蜡	摄	阅	趣	击	工	电	图	球	术
松	鱼	潜	利	图	术	鱼	舞	织	钓	影	游	建	阅
粘	土	魔	鱼	艺	工	读	瓷	绘	摄	图	笔	纫	筑

建筑	艺术家
铅笔	杰作
电影	看法
照片	肖像
绘画	模具
木炭	雕塑架
创造力	画土
粉笔	粘

20 - Sport

自	球	针	艺	放	露	活	艺	猎	拼	跳	缝	拼	放
行	拳	绘	趣	利	艺	跳	利	鱼	放	阅	露	能	球
车	法	松	球	活	松	乐	魔	鱼	阅	读	魔	法	狩
放	品	影	动	乐	运	团	队	摄	优	胜	者	摄	读
游	放	缝	狩	棒	动	舞	动	品	园	品	读	瓷	球
工	高	尔	夫	球	员	暇	猎	织	体	趣	体	育	馆
益	品	品	裁	判	魔	鱼	技	艺	操	育	术	松	针
钓	乐	篮	网	阅	营	针	鱼	品	鱼	活	场	工	趣
曲	绘	摄	球	教	练	远	篮	法	潜	利	乐	鱼	游
缝	棍	艺	狩	舞	利	益	钓	动	球	趣	暇	针	摄
篮	图	球	播	放	器	织	冠	趣	趣	趣	拳	钓	狩
足	游	戏	活	术	运	画	军	技	画	读	能	读	鱼
法	品	针	暇	远	动	能	露	育	拳	钓	瓷	织	艺
瓷	活	猎	鱼	露	远	松	潜	戏	动	利	纫	狩	足

运动员	体操
棒球	团队
篮球	冠军
运动	裁判
曲棍球	游戏
自行车	播放器
优胜者	体育场
高尔夫球	网球
体育馆	教练

21 - Mythologie

活	鱼	摄	球	拳	拼	园	钓	缝	潜	品	营	天	堂
战	鱼	园	园	摄	益	松	画	技	针	缝	凡	行	工
士	传	说	球	读	织	趣	拼	戏	陶	拼	人	为	影
益	摄	潜	乐	针	织	拳	暇	法	雷	暇	鱼	阅	活
狩	钓	篮	影	织	活	摄	钓	鱼	能	舞	工	拼	跳
创	造	织	活	趣	拳	阅	远	绘	趣	拼	园	拼	艺
拳	纫	文	化	营	戏	灾	难	击	法	利	棒	狩	鱼
嫉	阅	露	迷	纫	陶	营	猎	品	闪	读	缝	魔	缝
生	妒	力	量	宫	不	朽	戏	原	电	织	织	神	奇
怪	物	术	绘	猎	织	阅	型	画	复	乐	篮	远
露	松	艺	拳	棒	图	读	松	纫	钓	仇	英	园	摄
工	乐	鱼	品	织	篮	法	品	狩	拼	远	雄	影	益
利	潜	动	益	趣	拼	陶	工	暇	动	园	钓	钓	技
陶	松	活	暇	鱼	品	游	益	篮	工	戏	鱼	乐	瓷

原型
闪电
嫉妒
英雄
天堂
灾难
创造
生物
战士
文化

迷宫
传说
神奇
怪物
复仇
力量
凡人
不朽
行为

22 - Tools

棒	潜	织	陶	瓷	园	放	利	鱼	读	陶	技	针	拼
游	击	动	放	趣	影	潜	狩	瓷	订	园	游	乐	动
击	潜	织	击	瓷	舞	陶	潜	纫	法	书	露	工	轴
能	暇	火	胶	缝	营	钓	针	露	营	园	机	拼	活
动	读	炬	水	缝	放	钳	子	织	魔	术	艺	纫	织
戏	缝	利	缝	放	潜	乐	足	图	织	针	潜	乐	缝
瓷	跳	戏	螺	术	术	钓	画	阅	戏	潜	针	鱼	园
织	乐	织	丝	篮	狩	钓	电	趣	画	阅	狩	戏	暇
针	益	读	乐	舞	绘	露	缆	锤	统	治	者	陶	活
乐	游	钓	潜	游	摄	球	绳	子	画	魔	益	足	魔
图	艺	读	舞	法	营	放	击	钓	利	技	潜	猎	益
缝	技	陶	营	剪	剃	益	猎	艺	园	技	狩	鱼	拳
瓷	趣	放	潜	跳	刀	拳	梯	子	拳	潜	松	游	活
利	图	暇	戏	瓷	车	轮	松	钓	针	钓	铲	影	刀

火炬　　　　　　　车轮
锤子　　　　　　　剃刀
订书机　　　　　　剪刀
电缆　　　　　　　螺丝
胶水　　　　　　　绳子
梯子　　　　　　　钳子
统治者

23 - Restaurant #2

水	动	技	艺	工	远	跳	园	动	读	蔬	蛋	拼	画
果	冰	织	鱼	趣	读	影	拳	松	瓷	菜	糕	棒	活
篮	午	拼	鱼	缝	陶	艺	游	图	缝	球	摄	摄	松
晚	餐	鱼	阅	乐	拳	技	勺	读	影	击	术	远	鱼
面	松	放	缝	阅	击	叉	子	术	营	戏	纫	利	瓷
品	条	棒	远	鱼	动	露	足	拳	松	潜	术	织	猎
鱼	活	潜	活	拳	狩	戏	动	营	远	活	活	远	狩
服	汤	绘	阅	沙	香	料	椅	子	球	能	戏	缝	狩
艺	务	绘	读	拉	影	画	图	绘	乐	篮	画	游	球
戏	猎	员	阅	击	术	瓷	球	魔	狩	露	饮	能	棒
远	篮	拼	魔	乐	动	球	图	陶	瓷	鱼	织	料	游
利	猎	图	读	猎	艺	松	放	瓷	露	击	开	胃	菜
能	读	露	放	猎	游	潜	瓷	图	技	戏	趣	动	露
活	棒	趣	画	纫	美	味	盐	品	艺	钓	阅	针	读

晚餐
水果
叉子
蔬菜
饮料
香料
服务员
美味

蛋糕
勺子
午餐
面条
沙拉
椅子
开胃菜

24 - Ökologie

跳	园	画	暇	海	洋	工	舞	露	阅	动	园	松	图
沼	泽	戏	利	击	暇	绘	乐	术	狩	物	益	拳	益
能	园	松	放	拳	绘	趣	魔	绘	针	群	魔	松	球
营	拳	动	足	多	陶	钓	乐	技	瓷	棒	织	摄	影
露	跳	露	物	样	画	术	缝	园	放	大	自	然	织
鱼	阅	狩	种	性	游	魔	营	纫	钓	鱼	松	自	趣
社	露	志	利	摄	摄	法	戏	舞	园	影	读	益	然
区	园	愿	艺	足	魔	针	干	旱	织	击	画	读	针
品	影	者	阅	远	击	资	源	技	读	画	植	活	术
乐	图	拳	绘	乐	影	针	露	气	摄	画	活	被	工
读	技	猎	钓	球	潜	影	足	生	候	生	境	植	鱼
图	动	跳	棒	纫	术	游	绘	存	针	暇	放	物	摄
能	缝	影	跳	缝	术	能	活	篮	击	品	针	动	术
棒	篮	放	球	读	拳	拼	影	拳	拼	松	拼	纫	读

物种
干旱
动物群
志愿者
社区
气候
生境
海洋

大自然
自然
植物
资源
沼泽
生存
植被
多样性

25 - Schokolade

法	拼	画	动	绘	针	陶	狩	狩	技	可	缝	针	能
艺	钓	针	魔	篮	篮	缝	读	游	拼	可	画	棒	画
舞	技	卡	狩	瓷	营	绘	影	瓷	缝	拼	松	营	狩
苦	质	路	最	术	品	篮	影	椰	能	狩	阅	能	篮
能	量	里	放	喜	成	分	影	子	织	魔	图	能	游
潜	潜	工	击	钓	欢	鱼	美	活	鱼	放	钓	能	读
足	画	拼	益	绘	露	的	味	道	乐	缝	趣	技	舞
甜	跳	读	戏	击	影	魔	乐	异	国	情	调	陶	陶
益	蜜	法	食	拼	香	缝	篮	猎	乐	球	球	足	陶
工	能	的	谱	瓷	气	摄	戏	陶	品	棒	利	术	棒
影	品	缝	拳	钓	拳	游	猎	放	工	艺	抗	放	园
技	球	术	暇	品	利	阅	术	渴	园	放	氧	营	远
焦	糖	影	图	花	生	图	法	望	足	读	化	拼	钓
绘	球	魔	活	潜	品	图	趣	法	影	击	剂	潜	瓷

抗氧化剂　　　　　焦糖
香气　　　　　　　椰子
花生　　　　　　　美味
异国情调　　　　　质量
最喜欢的　　　　　食谱
味道　　　　　　　甜蜜的
可可　　　　　　　渴望
卡路里　　　　　　成分

26 - Boote

```
鱼 品 乐 拼 摄 趣 活 魔 能 能 趣 击 放 桅
摄 狩 猎 魔 绘 露 跳 远 能 帆 瓷 品 鱼 杆
影 图 艺 拼 鱼 品 摄 技 狩 船 员 品 狩 艺
魔 河 活 能 锚 游 跳 动 术 棒 绘 拼 球 园
波 浪 动 猎 狩 松 摄 能 利 露 织 益 击 拳
术 码 头 技 渡 影 图 露 工 狩 利 潜 鱼 活
绘 跳 球 艺 技 轮 鱼 游 皮 图 篮 松 技 乐
能 缝 技 钓 引 擎 救 生 艇 法 松 园 图 营
动 海 棒 猎 足 益 品 技 海 上 的 益 园 魔
远 洋 缝 猎 技 摄 图 图 摄 独 纫 跳 读 露
跳 动 舞 放 棒 钓 棒 能 趣 木 图 游 绳 子
绘 篮 浮 魔 戏 魔 缝 猎 营 舟 针 艇 筏 湖
游 乐 标 游 魔 技 织 击 鱼 绘 技 跳 暇 暇
远 潜 阅 狩 艺 拼 戏 影 法 织 术 趣 钓 针
```

浮标
船员
码头
渡轮
皮艇
独木舟
桅杆
引擎

海上的
海洋
救生艇
帆船
绳子
波浪
游艇

工	棒	博	物	馆	餐	活	棒	钓	摄	读	击	拳	拼
球	潜	针	超	暇	厅	益	陶	棒	纫	织	纫	缝	游
纫	球	舞	级	机	钓	学	鱼	诊	能	动	工	图	露
拼	纫	能	市	场	钓	狩	校	所	纫	物	图	瓷	缝
趣	瓷	趣	场	术	鱼	药	钓	缝	棒	园	舞	猎	活
击	游	猎	益	能	书	店	陶	大	图	陶	图	活	足
棒	技	鱼	影	钓	跳	影	游	学	书	营	游	舞	阅
拼	艺	图	影	面	拳	趣	电	击	馆	益	足	乐	放
剧	院	图	陶	猎	包	花	影	酒	店	益	益	狩	戏
读	潜	陶	针	松	游	店	画	廊	利	鱼	动	动	品
影	艺	工	纫	游	影	钓	读	钓	工	针	阅	画	潜
鱼	陶	画	法	技	松	品	体	棒	松	绘	舞	影	钓
猎	益	舞	图	乐	拳	鱼	放	育	暇	影	棒	银	行
纫	缝	舞	图	工	艺	游	戏	法	场	织	魔	跳	能

药店	诊所
银行	市场
面包店	博物馆
图书馆	餐厅
花店	学校
书店	体育场
机场	超级市场
画廊	剧院
酒店	大学
电影	动物园

陶	营	法	狩	拼	露	狩	远	陶	拳	技	游	利	益
露	营	动	工	棒	工	舞	足	拳	暇	戏	棒	戏	猎
品	纫	影	品	动	钓	技	艺	陶	活	品	活	狩	足
跳	放	击	绘	活	动	陶	画	绘	跳	趣	趣	足	术
松	活	织	工	拳	潜	园	拼	狩	猎	舞	影	工	戏
织	狩	足	针	舞	技	能	钓	活	拳	趣	动	放	绘
摄	影	篮	织	潜	陶	拳	跳	园	能	法	艺	鱼	戏
鱼	舞	足	活	艺	瓷	活	术	阅	读	远	松	舞	球
游	摄	钓	舞	趣	缝	足	园	趣	阅	图	能	动	织
园	工	鱼	法	趣	纫	拳	露	瓷	足	松	影	工	舞
陶	艺	术	乐	趣	陶	钓	能	舞	术	篮	缝	魔	法
图	品	潜	远	动	跳	利	放	绘	击	法	术	针	画
益	钓	放	技	暇	放	松	狩	跳	击	放	潜	活	影
松	营	暇	瓷	利	暇	瓷	松	缝	棒	品	露	工	暇

活动
钓鱼
露营
放松
技能
摄影
园艺
利益
狩猎
陶瓷

艺术
工艺品
阅读
魔法
缝纫
游戏
跳舞
乐趣
远足

29 - Bienen

花	园	营	狩	生	图	舞	舞	足	潜	游	读	拳	缝
球	松	利	水	态	读	工	蜂	蜜	太	击	品	放	鱼
有	益	的	果	系	放	松	球	松	阳	魔	跳	远	动
阅	针	趣	游	统	活	法	动	影	潜	术	画	画	工
钓	动	球	活	松	动	狩	拼	拼	法	击	蜡	瓷	瓷
足	戏	针	篮	图	活	动	击	画	戏	戏	球	球	鱼
狩	瓷	传	粉	者	生	工	女	瓷	影	品	瓷	法	读
活	松	放	品	拳	境	多	足	王	动	群	球	图	品
植	物	棒	品	读	品	样	营	品	绘	绘	艺	蜂	拼
读	影	织	术	缝	昆	性	潜	翅	画	绘	益	巢	足
篮	潜	技	绘	针	虫	品	拳	能	膀	陶	乐	绘	猎
影	狩	活	营	乐	烟	拳	露	篮	营	乐	击	能	潜
猎	开	戏	棒	狩	拳	缝	暇	远	钓	球	远	跳	阅
阅	花	粉	球	钓	阅	织	法	瓷	足	潜	陶	能	阅

传粉者   女王
蜂巢   生境
开花   生态系统
翅膀   植物
水果   花粉
花园   太阳
蜂蜜   多样性
昆虫   有益的

猎	魔	陶	工	松	缝	阅	游	游	跳	图	解	球	法
织	乐	术	纫	技	益	纫	跳	绘	篮	力	剖	篮	天
益	画	活	社	热	跳	法	狩	绘	生	态	学	陶	文
球	活	园	会	力	球	动	生	纫	化	读	生	物	学
运	动	学	学	针	狩	植	物	学	园	理	狩	画	
矿	物	学	击	法	放	跳	工	针	化	陶	学	纫	松
钓	学	舞	能	摄	艺	阅	舞	松	法	学	免	疫	学
放	球	趣	影	活	魔	品	读	能	潜	陶	击	针	棒
品	狩	拳	球	技	纫	营	陶	游	放	远	拼	纫	织
考	古	学	地	园	术	瓷	法	拼	技	绘	织	球	狩
心	神	魔	质	钓	动	猎	摄	陶	阅	缝	松	园	拼
理	钓	经	学	舞	缝	狩	击	针	趣	乐	语	球	戏
学	远	图	学	阅	利	击	棒	绘	园	影	言	远	阅
针	画	猎	摄	缝	拼	暇	品	动	法	球	学	暇	缝

解剖学
考古学
天文学
生物化学
生物学
植物学
化学
地质学
免疫学
运动学

语言学
力学
矿物学
神经学
生态学
生理学
心理学
社会学
热力学
动物学

31 - Vögel

趣	绘	麻	雀	棒	潜	放	缝	球	棒	动	工	远	营
游	放	绘	针	松	松	摄	拼	蛋	跳	纫	画	法	营
企	技	陶	游	利	纫	魔	跳	篮	图	松	松	利	能
天	鹅	缝	影	钓	鱼	纫	足	猎	猫	头	鹰	陶	园
瓷	跳	魔	戏	露	火	阅	品	鹈	游	能	击	足	球
篮	图	乐	织	舞	烈	乐	杜	鹕	工	艺	摄	击	松
动	球	击	巨	嘴	鸟	击	鹃	针	篮	潜	鸥	钓	苍
孔	艺	潜	魔	潜	陶	球	法	织	暇	鹦	鹉	放	鹭
雀	鸭	益	篮	鹳	缝	营	篮	术	篮	影	松	鸡	摄
读	鱼	篮	阅	鸽	工	利	织	狩	营	读	读	远	能
放	舞	球	利	子	阅	法	画	图	艺	趣	猎	艺	露
鹅	击	击	潜	瓷	露	技	艺	利	暇	棒	营	乌	缝
能	图	益	品	利	放	动	瓷	陶	露	能	活	鸦	织
舞	营	舞	棒	摄	影	绘	画	陶	益	暇	猎	击	图

猫头鹰
火烈鸟
乌鸦
杜鹃
鹦鹉
鹈鹕
孔雀

企鹅
苍鹭
天鹅
麻雀
鸽子
巨嘴鸟

32 - Garten

活	纫	拳	缝	栅	纫	法	棒	车	益	趣	篮	活	艺
软	管	吊	床	栏	活	舞	影	库	动	技	铲	杂	草
击	活	活	拼	乐	跳	棒	针	品	灌	木	益	阅	织
缝	击	阅	术	拳	跳	画	趣	活	花	园	果	鱼	松
舞	阅	活	陶	纫	潜	绘	绘	纫	缝	击	园	缝	土
能	击	织	猎	乐	营	远	花	趣	陶	品	拳	术	壤
击	戏	游	营	活	露	狩	技	读	鱼	缝	击	乐	陶
陶	针	乐	术	球	池	拼	纫	品	能	球	织	纫	篮
摄	拼	摄	草	拼	动	塘	放	门	工	工	魔	阅	织
绘	放	利	工	营	影	品	魔	廊	放	法	击	蹦	床
术	动	钓	游	戏	露	舞	树	平	针	狩	摄	舞	瓷
缝	艺	工	摄	松	舞	草	暇	台	耙	击	利	画	放	艺
远	艺	游	图	陶	鱼	坪	读	击	露	影	缝	画
益	松	织	陶	远	营	足	术	远	乐	乐	潜	拳	活

33 - Antarktis

温 魔 击 摄 舞 洛 奇 绘 技 远 乐 魔 摄 利
度 游 魔 棒 艺 技 远 钓 露 绘 松 艺 拳 画
魔 纫 益 技 击 瓷 征 矿 物 利 魔 艺 读 乐
篮 影 术 潜 潜 品 营 猎 活 读 动 钓 读 戏
术 工 钓 篮 潜 拳 法 足 利 陶 利 工 活 足
魔 陶 陶 环 游 远 拳 拳 绘 击 潜 鱼 棒 织
猎 艺 科 能 境 织 画 阅 法 瓷 潜 跳 画 品
潜 瓷 学 摄 跳 移 松 天 大 画 术 艺 阅 棒
地 水 的 球 乐 放 民 气 陆 球 技 足 远 艺
理 钓 图 冰 鸟 研 究 员 风 陶 地 形 织 艺
跳 画 半 川 类 影 能 利 暇 鱼 湾 法 球 魔
瓷 远 岛 缝 足 足 舞 狩 读 放 暇 钓 舞
阅 拼 棒 品 缝 技 拳 营 法 拳 猎 乐 艺
读 针 拼 织 狩 活 保 护 瓷 趣 画 动 活 击

保护   移民
远征   矿物
洛奇   温度
研究员   地形
地理   环境
冰川   鸟类
半岛   天气
大陆   科学的

击 安 益 远 绘 瓷 利 能 活 趣 法 潜 能 气
棒 魔 全 执 照 速 度 篮 击 针 总 术 舞 体
图 益 营 绘 放 潜 织 篮 鱼 陶 线 工 阅 棒
狩 潜 拳 警 告 远 品 事 故 营 足 图 益 园
卡 乐 拳 陶 燃 阅 棒 钓 艺 拼 绘 绘 动 绘
车 篮 棒 地 料 棒 摄 绘 乐 织 交 影 篮 法
技 陶 警 暇 图 球 绘 摄 缝 猎 通 法 法 鱼
工 针 察 摄 趣 戏 摄 阅 瓷 益 画 艺 能 纫
露 营 刹 危 针 摄 魔 马 达 阅 舞 技 狩 陶
瓷 汽 车 险 活 钓 击 拼 绘 术 技 活 摩 魔
戏 缝 针 库 戏 篮 游 露 松 魔 暇 击 托 拼
钓 运 拼 能 暇 艺 跳 术 技 园 隧 道 车 益
放 输 足 暇 趣 营 影 动 绘 术 利 工 足 法
鱼 乐 品 趣 鱼 趣 针 园 术 工 益 松 绘 工

汽车
刹车
燃料
总线
车库
气体
危险
速度
地图
执照

卡车
马达
摩托车
警察
安全
运输
隧道
事故
交通
警告

35 - Bücher

营	拳	乐	篮	钓	术	击	营	暇	图	放	法	影	瓷
球	纫	远	术	魔	舞	击	趣	摄	读	纫	品	击	艺
营	魔	松	篮	画	纫	工	文	学	远	棒	瓷	瓷	读
魔	园	棒	跳	跳	戏	系	列	上	下	文	术	法	陶
影	摄	松	远	二	元	性	戏	远	利	足	棒	瓷	露
棒	纫	活	旁	白	击	读	者	球	技	击	缝	园	松
书	暇	针	松	松	阅	拼	松	利	法	法	戏	悲	针
营	面	收	藏	针	篮	潜	摄	戏	暇	利	史	剧	缝
益	松	的	露	技	图	园	球	游	远	营	诗	钓	钓
园	工	发	明	页	作	者	冒	险	工	活	画	歌	画
拼	趣	拳	足	画	幽	放	针	故	放	绘	露	球	小
历	史	的	钓	图	默	园	球	潜	事	露	拼	阅	说
篮	活	足	能	工	品	舞	钓	钓	放	远	缝	潜	动
阅	技	松	技	陶	跳	园	猎	拳	松	术	狩	工	趣

冒险	幽默
作者	收藏
二元性	上下文
史诗	读者
发明	文学
旁白	诗歌
故事	小说
书面的	系列
历史的	悲剧

能	魔	魔	下	巴	游	阅	工	读	绘	露	跳	钓	法
能	潜	拼	脖	子	艺	钓	画	缝	拳	拼	篮	利	潜
缝	能	缝	耳	腿	阅	工	活	营	趣	活	露	利	暇
法	颚	绘	朵	手	指	活	法	影	潜	动	松	品	缝
工	拼	趣	营	潜	足	魔	乐	潜	篮	陶	魔	暇	术
足	活	益	露	工	画	魔	缝	摄	跳	影	图	绘	游
远	拼	棒	乐	纫	潜	阅	工	营	营	肘	部	活	读
皮	肤	工	狩	嘴	营	织	猎	动	露	艺	品	影	画
潜	心	趣	影	舌	头	游	手	足	陶	织	针	戏	缝
鱼	戏	园	露	针	踝	图	魔	鼻	艺	钓	篮	狩	动
脸	猎	脑	针	艺	阅	瓷	纫	子	摄	趣	利	陶	读
瓷	头	球	潜	舞	阅	狩	露	影	影	读	篮	术	营
放	益	篮	远	绘	活	拳	图	跳	拳	鱼	篮	肩	工
膝	盖	乐	击	拼	术	趣	猎	品	画	舞	艺	血	膀

肘部　　　　　　　膝盖
手指　　　　　　　鼻子
脖子　　　　　　　耳朵
皮肤　　　　　　　肩膀
下巴　　　　　　　舌头

37 - Landschaften

拳 活 益 读 沙 沼 潜 瓷 游 拳 缝 拳 魔 阅
狩 泻 针 法 漠 泽 松 益 阅 动 园 游 益 画
工 乐 湖 跳 陶 动 鱼 湖 织 拳 球 图 拳 益
影 潜 阅 绘 动 瀑 游 舞 阅 绘 棒 法 能 趣
狩 画 远 舞 远 布 阅 球 法 针 戏 陶 缝 活
钓 图 远 活 摄 活 冰 益 活 球 苔 原 绿 缝
阅 品 潜 动 露 阅 动 山 钓 瓷 足 针 洲 拼
图 艺 读 画 半 潜 露 棒 品 海 滩 图 山 影
河 放 火 山 岛 活 露 山 魔 湾 间 歇 泉 谷
猎 绘 园 魔 利 乐 织 缝 影 露 足 图 能 技
益 营 潜 益 画 画 活 品 游 活 活 猎 瓷 放
陶 陶 利 击 击 绘 远 织 篮 摄 篮 技 舞 球
法 冰 川 洞 穴 图 钓 园 跳 营 放 乐 乐 园
针 织 魔 舞 游 戏 暇 动 魔 阅 图 法 乐 狩

冰山	海滩
间歇泉	沼泽
冰川	山谷原
海湾	苔山
半岛	火布
洞穴	瀑布
泻湖	沙漠
绿洲	

38 - Abenteuer

拼	利	益	钓	阅	利	足	猎	游	拼	远	暇	棒	舞
织	园	狩	瓷	游	术	足	绘	舞	跳	益	狩	图	工
游	放	戏	潜	拳	狩	鱼	旅	行	安	全	篮	活	拼
钓	击	摄	陶	戏	行	益	摄	热	动	针	魔	趣	趣
绘	利	戏	利	动	程	工	跳	情	鱼	缝	足	美	读
准	舞	工	魔	狩	足	绘	魔	击	绘	戏	勇	阅	术
备	导	航	园	游	游	鱼	松	摄	利	篮	跳	敢	暇
影	跳	棒	图	法	足	瓷	读	放	术	棒	大	远	足
鱼	狩	拳	松	露	鱼	织	篮	绘	陶	足	自	能	法
危	险	潜	工	机	松	术	益	趣	狩	益	然	困	朋
法	读	法	园	会	织	趣	活	品	能	纫	活	难	友
绘	技	潜	营	球	园	暇	读	足	篮	潜	动	趣	猎
鱼	足	狩	图	利	摄	喜	悦	异	钓	园	新	瓷	暇
织	阅	趣	益	针	画	摄	织	松	常	图	目	的	地

活动		新的	
远足		旅行	
热情		行程	
机会		困难	
喜悦		安全	
朋友		勇敢	
危险		异常	
大自然		准备	
导航		目的地	

39 - Flugzeuge

空	气	技	摄	动	营	工	篮	膨	胀	露	狩	大	球
冒	导	航	露	缝	技	技	拼	益	绘	舞	戏	气	利
险	图	钓	纫	舞	活	氢	舞	阅	气	球	瓷	层	趣
湍	流	飞	趣	猎	针	篮	读	戏	乐	绘	乐	纫	陶
舞	篮	摄	行	能	动	松	趣	工	艺	活	乐	狩	游
工	潜	远	船	员	活	狩	动	能	利	技	猎	阅	法
影	术	陶	法	动	术	球	猎	舞	放	乐	拳	品
钓	燃	料	画	摄	击	趣	跳	跳	缝	读	拳	影
品	影	螺	击	拼	猎	绘	棒	远	益	球	绘	摄	瓷
工	阅	旋	潜	营	篮	鱼	天	气	天	图	营	舞	缝
戏	技	桨	能	放	魔	益	陶	天	狩	空	画	利	阅
园	引	利	法	技	舞	放	乐	狩	活	活	能	魔
远	露	擎	工	历	乘	客	放	远	下	活	能	暇	鱼
绘	击	技	图	史	能	法	纫	钓	降	度	技	活	技

冒险
下降
大气层
膨胀
气球
燃料
船员
设计
历史
天空

高度
空气擎
引航
导客
乘行员
飞旋桨
螺湍流
天气

40 - Haartypen

击	拳	益	棒	图	短	品	织	潜	舞	拳	陶	法	绘
钓	放	活	拳	拼	影	击	瓷	动	营	球	技	游	暇
游	影	针	益	陶	影	篮	潜	白	黑	薄	长	狩	动
摄	暇	绘	图	球	猎	影	品	灰	色	活	厚	鱼	远
潜	工	能	趣	球	远	品	辫	篮	术	魔	露	益	拼
跳	狩	松	法	活	篮	乐	子	钓	猎	潜	狩	品	营
戏	舞	趣	针	读	纫	银	活	品	游	暇	摄	松	品
游	放	营	暇	魔	绘	营	术	秃	暇	法	影	营	品
柔	软	的	棕	色	陶	乐	陶	影	工	暇	暇	能	露
击	戏	利	松	钓	利	魔	篮	棒	品	松	能	趣	术
艺	棒	暇	纫	陶	跳	缝	拼	动	猎	闪	画	阅	猎
营	趣	编	织	足	卷	陶	戏	园	钓	缝	亮	缝	营
读	园	干	拼	狩	曲	光	滑	画	卷	健	康	的	趣
针	园	园	针	松	拳	阅	趣	金	发	拼	猎	拼	鱼

金发　　　　卷发
棕色　　　　卷曲
编织　　　　黑色
健康　　　　柔软的
光滑　　　　白色
闪亮的　　　辫子
灰色

41 - Essen #1

益	果	糖	松	乐	篮	沙	篮	暇	球	肉	篮	咖	击
暇	棒	汁	画	游	足	猎	拉	品	草	桂	击	啡	洋
鱼	鱼	足	胡	萝	卜	金	工	绘	莓	暇	瓷	跳	葱
拼	术	园	动	远	益	枪	棒	潜	拼	绘	乐	舞	摄
远	织	远	击	能	戏	鱼	舞	球	缝	钓	暇	棒	汤
芜	击	园	读	放	瓷	术	戏	魔	放	游	影	摄	球
菁	盐	乐	营	潜	摄	影	缝	松	拳	狩	篮	松	活
品	图	跳	球	戏	术	柠	趣	技	工	狩	梨	瓷	品
钓	画	牛	拼	足	图	檬	能	露	能	读	罗	勒	营
舞	钓	奶	舞	园	跳	益	阅	篮	摄	大	猎	拳	读
篮	跳	菠	菜	陶	影	针	猎	击	松	蒜	松	游	拳
技	足	露	工	益	鱼	法	术	篮	戏	瓷	织	拳	花
阅	击	图	舞	瓷	跳	松	读	舞	魔	乐	暇	鱼	生
陶	猎	拼	术	击	戏	拳	游	狩	击	工	园	戏	图

罗勒
草莓
花生
咖啡
胡萝卜
大蒜
牛奶
芜菁

果汁
沙拉
菠菜
金枪鱼
肉桂
柠檬
洋葱

42 - Gebäude

影	击	能	画	读	狩	远	击	益	天	猎	瓷	酒	放
棒	棒	放	舞	针	针	篮	猎	工	文	大	使	馆	店
术	织	露	瓷	织	暇	剧	拳	动	台	学	足	利	陶
工	厂	能	鱼	跳	医	院	瓷	拳	图	棒	舱	实	益
帐	篷	棒	魔	品	鱼	读	魔	舞	术	篮	魔	验	动
纫	活	棒	魔	放	魔	缝	针	鱼	棒	猎	篮	室	营
击	动	农	球	谷	博	物	馆	电	乐	阅	趣	游	放
超	级	市	场	仓	体	学	画	影	暇	魔	影	阅	钓
远	影	鱼	影	动	育	塔	校	法	远	影	营	拳	读
针	影	艺	钓	乐	场	绘	暇	摄	陶	游	图	影	摄
艺	游	鱼	游	钓	魔	猎	球	动	旅	馆	戏	针	能
潜	戏	狩	利	读	狩	击	拳	棒	游	动	车	瓷	法
篮	拳	活	活	影	拳	乐	活	拼	织	放	库	戏	露
狩	绘	画	技	利	远	阅	狩	趣	游	工	跳	狩	棒

农场	博物馆
大使馆	天文台
工厂	谷仓
车库	学校
旅馆	体育场
酒店	超级市场
电影	剧院
医院	大学
实验室	帐篷

43 - Angeln

活	篮	狩	设	术	放	瓷	露	园	棒	营	织	击	动
耐	园	工	备	阅	水	游	猎	纫	技	读	针	篮	能
游	心	动	棒	钓	鱼	陶	暇	放	球	绘	活	猎	纫
画	放	技	松	舞	舞	利	季	节	缝	技	戏	影	猎
画	足	放	绘	戏	针	画	钩	潜	法	船	影	读	钓
技	露	纫	画	阅	营	暇	园	读	球	图	乐	击	露
魔	钓	重	量	法	露	益	放	游	能	图	读	放	跳
乐	陶	海	洋	篮	子	针	猎	游	拳	动	夸	影	拳
品	利	技	滩	营	鳃	松	缝	园	趣	趣	张	趣	瓷
画	鱼	篮	远	颚	织	织	品	湖	诱	饵	击	击	潜
鳍	狩	营	技	法	益	猎	术	足	乐	读	影	狩	瓷
足	技	图	河	击	拼	拳	拳	舞	动	陶	乐	影	猎
艺	瓷	篮	纫	缝	露	趣	拳	缝	足	活	绘	远	猎
针	戏	动	球	魔	舞	工	摄	暇	松	暇	魔	动	活

设备   诱饵
耐心   海洋
重量   海滩
季节   夸张
篮子

44 - Regenwald

有	价	值	的	云	露	摄	针	暇	昆	生	气	丛	缝
植	物	织	针	足	能	图	足	幼	虫	存	候	足	林
瓷	益	猎	动	远	瓷	品	瓷	能	工	工	益	狩	棒
陶	社	区	阅	园	摄	瓷	画	能	营	多	鸟	类	魔
两	摄	苔	乐	松	棒	狩	图	足	猎	样	潜	营	钓
缝	栖	藓	戏	画	趣	游	针	园	远	性	跳	针	远
营	益	动	摄	足	乐	法	避	难	所	陶	鱼	鱼	魔
露	球	幼	物	利	绘	舞	幼	利	哺	魔	读	艺	狩
工	陶	幼	艺	拼	远	趣	游	法	术	乳	营	游	绘
足	园	活	露	幼	戏	读	幼	读	读	狩	动	放	钓
读	鱼	暇	球	拼	阅	品	阅	园	暇	绘	暇	物	能
松	影	潜	潜	跳	能	法	术	舞	棒	缝	狩	图	益
利	绘	大	自	然	尊	重	利	狩	益	猎	物	针	摄
猎	松	影	跳	足	陶	技	露	幼	织	画	种	击	法

两栖动物   大自然
物种   尊重
植物   哺乳动物
丛林   生存
社区   多样性
昆虫   鸟类
气候   有价值的
苔藓   避难所

45 - Essen #2

篮	露	动	舞	技	绘	图	图	棒	织	松	拳	放	织
蘑	菇	钓	绘	露	图	钓	技	拼	能	猎	摄	暇	蛋
西	兰	花	苹	果	樱	鱼	拳	猎	乐	番	芦	笋	击
放	法	绘	活	跳	桃	小	放	潜	鱼	茄	艺	艺	露
图	乐	潜	游	跳	芹	麦	暇	益	阅	鱼	巧	克	力
拼	图	影	工	猎	利	菜	陶	拼	针	阅	棒	品	露
读	艺	篮	钓	篮	绘	读	钓	戏	球	法	品	工	杏
动	能	茄	瓷	利	活	法	拼	狩	戏	营	篮	利	仁
影	缝	子	趣	园	缝	针	鱼	棒	乐	球	能	足	拳
画	米	香	蕉	术	火	潜	活	狩	缝	营	击	游	狩
钓	绘	露	阅	足	朝	腿	暇	图	针	陶	潜	技	酸
远	松	营	篮	暇	鲜	针	戏	戏	暇	工	活	松	奶
针	针	拼	面	包	蓟	图	狩	球	奶	酪	戏	术	针
远	利	益	放	放	放	棒	猎	拳	织	放	足	工	钓

苹果   杏仁
朝鲜蓟   蘑菇
茄子   火腿
香蕉   巧克力
西兰花   芹菜
面包   芦笋
酸奶   番茄
奶酪   小麦
樱桃

46 - Familie

活	放	陶	戏	图	暇	阅	园	能	摄	益	影	针	表
击	工	动	跳	舞	松	松	陶	艺	露	摄	瓷	暇	哥
母	缝	读	缝	露	阿	姨	图	戏	拼	艺	叔	影	法
亲	远	松	工	猎	钓	阅	戏	益	游	读	营	叔	工
影	猎	钓	活	童	年	瓷	篮	足	姐	姐	术	图	暇
跳	跳	图	潜	法	缝	球	艺	兄	弟	父	亲	的	篮
园	足	女	儿	影	图	利	丈	夫	营	猎	绘	狩	能
影	孙	祖	母	园	狩	利	拼	瓷	猎	产	妇	纫	拼
品	放	子	缝	读	孩	子	侄	技	技	摄	篮	图	钓
跳	暇	法	瓷	纫	松	松	女	活	祖	阅	技	祖	先
篮	读	狩	潜	活	陶	品	纫	缝	父	亲	动	棒	工
潜	鱼	潜	跳	法	乐	松	能	纫	工	图	妻	子	园
跳	狩	陶	侄	舞	画	趣	棒	陶	图	潜	读	益	狩
缝	读	放	拼	子	缝	艺	趣	足	营	魔	游	瓷	乐

兄弟　妻子　丈夫　孙子　祖母　祖父　孩子　童年　母亲　产妇

侄子　侄女　叔叔　姐姐　阿姨　女儿　父亲　父亲的哥哥　表　祖先

47 - Pflanzen

浆	益	能	陶	活	拳	趣	潜	鱼	苔	露	跳	画	缝
果	针	钓	影	工	工	利	画	放	球	藓	舞	乐	园
豆	陶	能	拼	陶	暇	植	物	学	仙	人	掌	竹	子
法	营	针	棒	戏	工	游	拼	艺	摄	艺	纫	棒	园
潜	术	魔	影	阅	根	花	钓	松	阅	魔	能	绘	利
舞	舞	松	篮	陶	击	瓣	棒	放	魔	工	瓷	球	品
瓷	远	针	击	纫	益	拳	活	棒	乐	针	摄	鱼	击
术	读	技	绘	影	足	术	球	露	球	钓	暇	品	篮
工	纫	植	被	术	放	影	益	影	球	草	园	读	图
常	利	摄	利	远	摄	远	足	花	能	本	活	动	动
图	春	画	魔	绘	戏	跳	游	绘	放	植	远	游	活
术	陶	藤	肥	放	图	击	游	狩	拳	物	利	陶	术
跳	放	织	料	树	花	园	植	物	摄	织	灌	画	木
趣	品	球	瓷	叶	森	林	瓷	园	钓	露	艺	木	利

竹子　　　　　　　　花园
浆果　　　　　　　　仙人掌
花瓣　　　　　　　　草本植物
植物学　　　　　　　树叶
灌木　　　　　　　　苔藓
肥料　　　　　　　　植被
常春藤　　　　　　　森林
植物

48 - Kunst

术	活	心	阅	放	乐	个	舞	猎	技	露	陶	棒	影
诗	歌	情	艺	缝	品	陶	人	舞	纫	读	技	瓷	球
戏	露	露	利	画	影	拳	益	的	陶	缝	艺	放	露
画	狩	动	利	暇	鱼	图	的	跳	棒	缝	益	拳	棒
棒	艺	暇	跳	露	游	暇	瓷	技	启	拳	戏	跳	活
表	鱼	组	击	读	鱼	读	棒	术	发	瓷	钓	缝	露
纫	达	成	复	杂	园	暇	象	工	缝	雕	塑	陶	艺
游	潜	乐	读	露	戏	影	征	陶	暇	绘	拼	绘	陶
瓷	园	钓	针	工	针	乐	摄	画	能	趣	瓷	陶	图
棒	画	工	图	超	纫	拼	图	园	绘	游	舞	原	版
图	简	工	拼	现	趣	视	狩	绘	绘	鱼	击	图	活
鱼	单	图	趣	实	乐	觉	魔	舞	利	松	主	题	营
篮	跳	球	阅	主	诚	的	法	狩	术	术	术	猎	缝
放	拳	钓	针	义	实	远	击	利	舞	戏	瓷	术	工

表达	个人的
诚实	诗歌
简单	雕塑
主题	心情
启发	超现实主义
陶瓷	象征
复杂	视觉的
原版	组成

49 - Gewürze

肉	豆	蔻	能	园	辣	椒	粉	苦	放	绘	潜	摄	利
术	跳	趣	篮	潜	利	图	技	拳	露	技	艺	针	露
益	图	读	胡	能	鱼	绘	工	球	品	影	拳	足	影
拳	魔	盐	椒	活	针	露	魔	趣	远	魔	钓	利	织
肉	拳	暇	松	豆	针	阅	法	术	鱼	绘	益	乐	动
阅	桂	读	露	戏	蔻	击	活	动	甜	潜	趣	缝	放
园	拳	摄	松	味	道	乐	纫	阅	蜜	球	大	针	园
狩	园	露	香	足	针	织	陶	酸	的	营	蒜	瓷	营
魔	棒	潜	草	放	园	织	狩	狩	茴	魔	跳	利	技
孜	洋	葱	艺	放	织	魔	工	放	丁	香	咖	喱	甘
然	鱼	益	能	法	品	阅	远	益	潜	藏	篮	魔	草
绘	拳	篮	绘	读	钓	益	拳	能	针	红	品	针	足
利	鱼	球	法	艺	园	棒	拳	远	远	花	技	拼	舞
潜	阅	戏	利	棒	暇	益	能	拳	鱼	姜	织	戏	利

咖喱
茴香
味道
豆蔻
大蒜
孜然
甘草
肉豆蔻
丁香

辣椒粉
胡椒
藏红花
酸的
甜蜜的
香草
肉桂
洋葱

50 - Gemüse

工	益	放	朝	绘	活	足	技	针	花	舞	舞	艺	戏
活	趣	跳	鲜	橄	技	足	动	钓	椰	大	园	拼	陶
魔	术	足	蓟	榄	放	足	纫	菠	菜	蒜	足	篮	术
篮	土	阅	松	跳	阅	跳	猎	暇	芜	钓	摄	篮
豌	豆	读	画	击	陶	远	芹	钓	菁	缝	胡	跳
园	画	乐	露	球	术	跳	菜	游	潜	活	陶	萝	戏
远	钓	画	钓	针	暇	乐	趣	能	戏	营	陶	卜	品
缝	园	猎	趣	动	露	工	工	图	影	南	黄	工	艺
艺	缝	远	跳	钓	击	舞	暇	乐	利	远	瓜	猎	能
术	游	摄	艺	远	动	魔	法	术	瓷	画	纫	影	击
击	击	艺	乐	影	蘑	沙	拉	针	陶	园	图	园	针
影	园	能	番	摄	菇	法	猎	香	击	潜	缝	艺	缝
法	潜	狩	摄	茄	子	法	洋	菜	影	游	图	放	姜
猎	乐	活	鱼	西	兰	花	葱	法	暇	松	读	拳	放

朝鲜蓟
茄子
花椰菜
西兰花
豌豆
黄瓜
胡萝卜
土豆
大蒜
南瓜

橄榄
香菜
蘑菇
芜菁
沙拉
芹菜
菠菜
番茄
洋葱

51 - Katzen

技 魔 松 动 瓷 拼 潜 陶 个 性 瓷 潜 暇 营
松 陶 针 瓷 园 园 活 针 松 活 篮 球 影 图
影 缝 松 松 乐 游 猎 针 远 纫 技 活 针 利
画 园 魔 潜 睡 艺 有 法 利 艺 能 瓷 术 放
足 远 暇 纫 觉 画 术 趣 利 术 营 舞 远 足
狩 舞 拼 园 松 趣 戏 鼠 术 好 玩 的 摄
棒 针 魔 拳 放 营 戏 针 篮 爪 拼 棒 术 篮
营 击 魔 钓 击 摄 动 远 足 潜 子 乐 猎
篮 术 纱 瓷 猎 舞 纫 画 疯 棒 放 针 动 人
毛 园 独 乐 瓷 足 工 影 狂 戏 趣 织 暇 戏
皮 影 立 远 荒 游 利 远 的 阅 技 游 法 针
足 远 技 舞 野 跳 露 读 能 园 害 羞 潜 品
乐 拳 跳 摄 尾 能 鱼 球 读 营 远 图 工 趣
好 奇 鱼 松 巴 工 缝 暇 术 露 暇 球 画 击

毛皮	害羞
猎人	尾巴
有趣	独立
好奇	疯狂的
个性	好玩的
爪子	荒野
睡觉	

52 - Tanzen

术 工 戏 跳 跳 能 阅 影 露 戏 身 钓 篮 艺
艺 伙 伴 拳 猎 鱼 动 钓 活 远 体 跳 活 术
编 舞 鱼 织 益 放 球 放 露 利 节 优 潜 游
图 园 画 园 拼 戏 绘 放 瓷 古 画 奏 雅 绘
活 球 钓 钓 画 影 图 陶 益 典 读 图 戏 露
乐 趣 能 针 游 陶 拼 舞 动 绘 乐 摄 乐
读 击 织 暇 球 松 针 钓 画 学 法 足 艺
足 远 画 法 活 动 姿 势 魔 图 院 文 动 益
陶 织 活 棒 足 击 棒 图 摄 潜 化 击 情
瓷 富 拳 鱼 松 魔 摄 猎 营 乐 篮 传 感
拳 有 园 术 暇 魔 法 影 营 篮 图 统 绘
猎 表 运 活 球 魔 术 瓷 游 快 营 视 觉 图
法 现 动 篮 足 艺 猎 舞 音 乐 鱼 魔 篮 园
拳 力 缝 品 绘 露 摄 织 织 狩 艺 潜 篮 露

学院　　　　　身体
优雅　　　　　文化
富有表现力　　艺术
运动　　　　　音乐
编舞　　　　　伙伴
情感　　　　　节奏
快乐　　　　　传统的
姿势　　　　　视觉的
古典

53 - Ernährung

篮	绘	毒	击	益	维	工	重	量	陶	图	术	球	鱼
狩	球	园	素	利	生	远	放	养	画	足	术	戏	幼
品	营	陶	影	舞	素	球	园	碳	分	跳	猎	游	击
足	瓷	针	乐	跳	营	足	读	织	水	舞	味	谷	棒
戏	绘	击	棒	舞	活	品	技	品	魔	化	道	物	拼
发	园	松	卡	织	棒	技	篮	跳	猎	图	合	法	潜
酵	食	利	路	绘	跳	击	图	画	暇	活	艺	物	消
幼	用	影	里	游	饮	食	缝	法	乐	园	图	戏	化
动	画	陶	织	图	幼	图	艺	园	鱼	利	法	陶	酱
蛋	魔	狩	戏	工	益	图	鱼	远	摄	足	食	欲	艺
白	狩	能	图	魔	图	足	跳	暇	陶	拼	拳	康	棒
质	苦	拳	术	猎	图	绘	游	钓	影	影	健	康	平
量	读	陶	棒	部	分	暇	猎	乐	针	击	益	衡	的
舞	篮	瓷	技	瓷	跳	针	拳	营	缝	露	潜	能	的

食欲	卡路里
平衡的	碳水化合物
饮食	养分
食用	部分
发酵	蛋白质
味道	质量
健康	毒素
谷物	消化
重量	维生素

54 - Technologie

画	潜	能	影	露	阅	能	拳	品	工	游	猎	松	技
露	画	利	趣	钓	益	利	品	游	击	露	光	标	摄
数	字	利	瓷	技	游	影	针	画	园	足	瓷	绘	纫
据	技	乐	织	互	联	网	利	猎	远	松	字	节	拳
瓷	技	能	陶	钓	潜	戏	工	阅	利	阅	棒	画	织
戏	软	读	信	照	相	机	瓷	球	法	纫	技	针	暇
拳	文	件	息	动	博	摄	技	影	屏	拳	活	松	拳
统	计	数	据	跳	客	瓷	病	织	幕	摄	游	读	动
影	品	针	摄	篮	猎	趣	毒	鱼	足	足	放	戏	暇
缝	拳	瓷	趣	足	球	营	乐	艺	图	品	浏	安	全
阅	趣	松	字	阅	织	潜	阅	织	猎	棒	球	览	趣
猎	能	绘	体	画	猎	足	虚	织	鱼	舞	阅	戏	器
艺	鱼	潜	纫	电	鱼	足	拟	织	拼	利	织	织	游
棒	戏	影	拳	脑	缝	足	究	趣	游	球	影	术	园

屏幕	互联网
博客	照相机
浏览器	信息
字节	字体
电脑	安全
光标	软件
文件	统计数据
数据	虚拟
数字	病毒
研究	

55 - Wasser

画	针	游	松	游	摄	拼	术	霜	戏	戏	跳	能	利
潜	读	园	织	针	鱼	瓷	篮	瓷	放	乐	织	影	棒
读	读	狩	读	能	击	跳	洪	动	陶	术	织	雪	营
品	远	潜	篮	瓷	读	园	钓	水	拳	益	利	蒸	汽
游	远	松	暇	足	织	图	趣	潮	戏	趣	图	发	篮
艺	球	画	足	术	钓	拳	间	湿	度	趣	益	潜	猎
营	松	篮	品	趣	棒	艺	歇	猎	拳	园	远	瓷	利
陶	暇	湖	运	河	技	绘	泉	雨	猎	钓	跳	益	暇
波	猎	能	河	动	绘	猎	针	活	潜	缝	潜	游	拳
浪	图	阅	益	园	露	放	工	游	放	乐	纫	纫	品
游	猎	利	利	海	鱼	跳	纫	击	摄	猎	营	艺	陶
魔	阅	狩	拳	洋	法	远	技	针	猎	松	利	鱼	足
暇	露	艺	读	松	动	舞	灌	溉	猎	瓷	淋	浴	露
影	飓	风	季	风	摄	法	缝	针	冰	潜	瓷	远	足

灌溉	飓风
蒸汽	运河
淋浴	季风
潮湿	海洋
湿度	蒸发
洪水	波浪
间歇泉	

56 - Science Fiction

陶 工 瓷 击 场 跳 活 球 利 瓷 摄 猎 绘 钓
法 游 行 绘 景 放 动 棒 露 松 猎 影 法 神
极 反 星 鱼 球 绘 阅 纫 鱼 纫 营 艺 织 秘
端 乌 系 陶 绘 织 狩 能 营 针 狩 趣 放 阅
术 托 托 陶 图 球 潜 活 电 跳 足 技 术 松
能 邦 错 邦 爆 图 法 画 影 读 游 针 跳 影
术 缝 觉 远 利 炸 放 针 读 营 狩 品 技 摄
猎 放 术 纫 猎 技 术 缝 技 钓 乐 阅 猎 影
猎 动 棒 趣 画 影 鱼 松 松 击 书 籍 猎 织
远 钓 品 球 趣 活 法 品 织 拳 拼 甲 放 足
机 虚 构 的 针 画 利 缝 乐 艺 影 骨 小 活
器 工 露 世 界 阅 火 化 学 品 未 文 说 品
人 阅 影 钓 足 影 潜 益 篮 来 暇 乐 乐
球 摄 影 跳 舞 艺 针 足 艺 园 派 工 动 能

书籍	电影
化学品	甲骨文
反乌托邦	行星
爆炸	机器人
极端	小说
未来派	场景
星系	技术
神秘	乌托邦
错觉	世界
虚构的	

57 - Haustiere

棒	兔	术	拼	陶	松	戏	法	衣	暇	艺	品	游	魔
营	子	足	潜	暇	术	钓	拼	鱼	领	尾	露	牛	技
兽	医	远	松	足	图	皮	放	球	魔	巴	露	击	陶
食	物	猫	球	钓	能	带	潜	缝	瓷	露	织	利	图
放	缝	山	趣	乌	放	爪	图	园	露	拼	球	松	露
织	鱼	羊	园	龟	绘	陶	子	远	术	猎	动	小	狩
小	猫	狗	动	益	品	营	足	游	鼠	狩	跳	猎	狗
技	松	游	足	营	绘	瓷	摄	潜	舞	鹦	鹉	水	动
能	艺	舞	动	针	潜	仓	鼠	绘	针	图	松	趣	益
动	拼	远	影	画	猎	益	陶	魔	织	魔	拳	戏	舞
棒	钓	潜	击	放	猎	摄	足	品	戏	击	露	球	游
拼	蜥	球	暇	乐	品	远	钓	拼	放	拳	绘	跳	画
足	蜴	法	狩	乐	鱼	放	陶	园	针	阅	动	鱼
能	图	魔	动	乐	法	暇	艺	益	摄	击	棒	缝	拳

蜥蜴 带
食物 鹦鹉
仓鼠 皮龟
兔子 鹦巴
小猫 乌医
衣领 尾狗
爪子 兽小
      小山
      羊

58 - Geburtstag

出	击	针	织	利	球	品	球	阅	跳	纫	暇	远	戏
法	生	拼	摄	营	露	术	暇	法	拼	法	狩	益	游
缝	年	钓	品	钓	缝	影	狩	益	利	远	瓷	快	乐
活	利	画	品	瓷	篮	潜	足	针	艺	魔	放	能	游
松	针	品	绘	园	篮	陶	击	趣	猎	图	绘	击	动
术	拳	术	瓷	足	暇	回	忆	特	露	趣	戏	园	益
智	慧	读	法	活	邀	请	函	别	潜	瓷	戏	暇	远
拳	活	品	跳	棒	瓷	利	活	露	放	跳	暇	画	击
击	暇	暇	游	猎	利	狩	钓	工	乐	趣	蜡	烛	艺
能	工	画	猎	时	营	潜	绘	瓷	舞	钓	动	活	阅
庆	祝	松	潜	间	活	拳	织	活	球	瓷	技	礼	物
术	牌	松	画	法	朋	蛋	糕	日	历	魔	能	棒	陶
拳	阅	歌	棒	动	足	友	放	法	活	年	轻	篮	营
舞	营	曲	游	远	拳	拳	缝	阅	戏	狩	针	棒	钓

邀请函　　　　　　　日历
回忆　　　　　　　　蜡烛
庆祝　　　　　　　　蛋糕
朋友　　　　　　　　歌曲
出生　　　　　　　　乐趣
礼物　　　　　　　　特别
快乐　　　　　　　　智慧
年轻　　　　　　　　时间

59 - Literatur

击	艺	戏	绘	陶	瓷	暇	小	拼	益	品	绘	技	阅
跳	缝	棒	能	品	画	益	说	钓	游	法	乐	暇	跳
拼	隐	喻	读	足	绘	营	动	游	跳	利	舞	旁	益
潜	艺	击	术	趣	图	狩	绘	缝	阅	绘	陶	园	白
陶	营	陶	益	松	图	影	趣	传	分	营	类	比	球
针	松	园	棒	瓷	诗	意	风	记	析	魔	型	绘	魔
缝	摄	针	术	动	摄	绘	格	诗	画	摄	品	描	陶
图	织	工	乐	动	针	活	拳	能	对	话	轶	述	悲
益	节	奏	主	题	读	影	松	球	鱼	法	事	瓷	剧
作	远	缝	游	动	鱼	舞	放	魔	能	钓	动	暇	棒
跳	者	陶	针	绘	猎	益	远	艺	游	结	论	针	陶
画	图	陶	营	击	拼	拳	缝	营	比	针	鱼	缝	球
露	品	韵	游	狩	瓷	跳	钓	击	针	较	击	钓	乐
品	舞	法	纫	舞	拳	露	足	品	织	绘	工	图	法

类比
分析
轶事
作者
描述
传记
对话
旁白
小说

类型
隐喻
诗意
节奏
结论
风格
主题
悲剧
比较

60 - Wandern

```
营 瓷 瓷 读 瓷 跳 球 瓷 拳 趣 球 阅 益 营
击 放 益 钓 拼 篮 峰 会 缝 工 游 足 放 营
太 阳 术 纫 指 南 天 气 候 园 阅 足 益 营
靴 读 悬 崖 瓷 摄 球 针 魔 活 绘 松 方 松
子 露 纫 园 品 陶 艺 累 石 头 读 拼 术 向
球 营 放 球 放 篮 技 松 潜 地 动 园 陶 纫
鱼 园 织 乐 图 击 狩 技 击 图 读 拼 水 猎
动 狩 织 动 画 潜 技 营 趣 技 益 图 品 潜
品 松 艺 织 织 图 读 击 魔 暇 危 技 法 狩
猎 品 狩 技 棒 跳 营 重 画 物 害 图 狩 图
读 利 露 摄 动 艺 利 棒 织 动 绘 影 阅 瓷
暇 鱼 击 拳 露 荒 野 能 击 舞 露 摄 益 工
技 拳 鱼 山 乐 乐 游 准 猎 利 营 利 自 瓷
益 纫 瓷 影 露 营 图 狩 松 备 大 自 然 工
```

露营	方向
指南	太阳
危害	石头
峰会	靴子
地图	动物
气候	准备
悬崖	天气
大自然	荒野

61 - Länder #2

```
工 放 园 图 放 鱼 拼 术 影 墨 西 哥 阅 阿
针 针 球 读 图 艺 摄 能 能 击 跳 暇 针 尔
术 远 游 爱 舞 肯 尼 亚 潜 营 图 拼 绘 巴
纫 图 能 尔 钓 埃 日 乌 干 达 技 图 放 尼
篮 乌 克 兰 阅 塞 利 本 术 图 牙 足 针 亚
远 缝 利 影 缝 俄 亚 图 钓 术 买 击 击 乐
巴 园 益 狩 织 比 动 图 纫 篮 加 露 棒 乐
舞 基 术 叙 利 亚 海 针 园 棒 瓷 球 游 园
俄 罗 斯 纫 比 瓷 地 利 活 暇 纫 狩 游 潜
益 图 能 坦 里 读 钓 篮 利 苏 远 游 球 动
营 放 园 画 亚 阅 尼 画 法 丹 艺 纫 绘 工
击 阅 趣 纫 跳 活 泊 足 希 潜 钓 园 绘 拳
影 舞 缝 暇 趣 法 尔 棒 画 腊 老 挝 技 法
活 钓 鱼 营 纫 能 园 篮 游 钓 缝 跳 园 国
```

阿尔巴尼亚	利比里亚
埃塞俄比亚	墨西哥
法国	尼泊尔
希腊	尼日利亚
海地	巴基斯坦
爱尔兰	俄罗斯
牙买加	苏丹
日本	叙利亚
肯尼亚	乌干达
老挝	乌克兰

62 - Fahrzeuge

动	直	出	动	阅	术	读	潜	技	园	松	瓷	猎	缝
飞	升	租	图	潜	法	船	艇	篮	动	技	马	鱼	拼
读	机	车	影	钓	纫	益	缝	织	击	益	达	鱼	纫
钓	能	魔	暇	动	魔	针	潜	法	读	棒	活	园	画
拼	狩	瓷	卡	画	拼	织	织	针	筏	火	车	篮	绘
潜	缝	舞	车	游	陶	游	术	术	魔	园	艺	拳	跳
魔	魔	利	摄	能	阅	篮	技	轮	胎	摄	篮	鱼	放
利	足	猎	松	松	足	缝	球	总	自	拳	暇	钓	戏
品	救	护	车	棒	游	术	动	线	行	暇	大	活	利
读	跳	滑	影	营	鱼	棒	影	读	车	潜	篷	读	猎
术	击	板	法	拼	球	暇	瓷	读	拳	狩	车	动	鱼
活	游	车	拖	工	火	渡	轮	利	汽	车	拳	针	营
纫	陶	篮	拉	地	铁	箭	技	动	钓	读	园	魔	棒
放	露	球	机	舞	陶	狩	远	趣	钓	足	猎	球	松

汽车	火箭
总线	轮胎
自行车	滑板车
渡轮	出租车
飞机	拖拉机
直升机	地铁
救护车	潜艇
卡车	大篷车
马达	火车

63 - Badezimmer

球	龙	棒	纫	棒	技	鱼	图	鱼	舞	游	松	海	绵
魔	头	潜	利	绘	品	钓	舞	利	陶	松	绘	钓	瓷
画	画	技	织	利	乐	舞	绘	品	狩	篮	棒	游	放
鱼	香	鱼	戏	洗	剪	猎	阅	活	乐	魔	放	蒸	汽
洗	发	水	读	剂	品	刀	利	绘	园	阅	拳	魔	狩
趣	阅	园	游	利	舞	能	摄	营	舞	地	毯	远	影
织	趣	棒	暇	毛	拳	艺	纫	狩	技	钓	暇	营	纫
陶	戏	潜	陶	巾	能	肥	皂	舞	术	淋	厕	画
鱼	画	益	潜	技	营	绘	工	拳	品	浴	所	艺
游	水	法	魔	露	足	绘	工	艺	利	钓	钓	织
远	篮	能	暇	品	足	泡	沫	绘	读	球	利	镜	远
露	击	远	放	纫	阅	戏	营	棒	趣	技	松	子	织
动	法	园	陶	读	活	技	远	舞	魔	魔	艺	阅	乐
松	露	营	利	足	工	跳	活	猎	钓	猎	远	技	工

泡沫　　　　　海绵
蒸汽　　　　　肥皂
淋浴　　　　　洗发水
毛巾　　　　　镜子
洗剂　　　　　地毯
香水　　　　　厕所
剪刀　　　　　龙头

64 - Musikinstrumente

活 瓷 萨 缝 潜 喇 叭 趣 暇 足 艺 阅 读 吉
舞 松 针 克 松 能 钓 球 大 远 单 暇 益 他
猎 露 法 法 斯 潜 园 魔 提 双 簧 管 狩 棒
品 影 拼 狩 动 管 影 巴 琴 暇 管 针 暇 法
陶 潜 工 动 潜 跳 跳 松 暇 跳 园 小 画 缝
口 针 棒 摄 露 击 画 管 鱼 活 足 击 提 击
琴 游 绘 瓷 长 法 猎 益 艺 狩 松 利 钢 琴
缝 猎 益 鱼 号 笛 活 法 足 缝 纫 园 营 园
猎 艺 松 缝 铃 班 卓 琴 击 趣 球 跳 暇 跳
瓷 动 术 暇 鼓 术 趣 纫 营 露 拳 锣 缝 狩
趣 暇 品 纫 拳 露 球 钓 绘 趣 球 拳 艺 击
打 击 乐 器 放 影 针 暇 针 画 篮 影 游 马
利 狩 法 趣 图 潜 读 游 工 法 活 曼 陀 林
竖 琴 暇 戏 乐 品 阅 术 游 游 乐 针 工 巴

班卓琴	曼陀林
大提琴	马林巴
巴松管	口琴
长笛	双簧管
小提琴	长号
吉他	萨克斯管
竖琴	打击乐器
单簧管	铃鼓
钢琴	喇叭

65 - Blumen

```
狩 拳 术 园 技 薰 陶 针 益 针 拳 鱼 缝 拳
向 日 葵 戏 西 衣 潜 猎 放 瓷 法 技 舞 纫
放 三 叶 草 番 草 篮 蒲 放 玉 乐 钓 跳 足
动 针 陶 足 莲 陶 击 乐 公 兰 针 画 游 画
能 露 乐 趣 纫 趣 露 钓 潜 英 利 纫 猎 纫
拳 能 画 舞 拳 绘 跳 术 游 营 利 魔 艺 针
茉 莉 花 术 远 狩 雏 罂 篮 品 能 拳 击 品
跳 陶 工 束 芙 蓉 菊 粟 陶 画 活 跳 拳 钓
露 牡 丹 游 利 鱼 利 益 玫 魔 活 营 阅 摄
击 舞 兰 艺 趣 舞 跳 棒 瑰 乐 织 乐 绘 能
击 图 狩 花 郁 工 纫 织 影 能 陶 工 跳 百
花 瓣 针 术 金 动 影 篮 拳 利 品 松 鱼 合
猎 跳 潜 篮 香 暇 棒 狩 瓷 栀 子 花 画 织
摄 魔 益 针 画 动 戏 阅 绘 织 能 魔 能 动
```

花瓣	玉兰
栀子花	罂粟
雏菊	兰花
芙蓉	西番莲
茉莉花	牡丹
三叶草	玫瑰
薰衣草	向日葵
百合	花束
蒲公英	郁金香

拳	击	松	暇	活	和	足	技	织	术	鱼	冰	狩	针
陶	纫	摄	针	戏	平	庇	热	带	游	艺	川	避	园
品	钓	舞	蜜	艺	松	放	护	动	技	松	松	难	放
魔	读	魔	蜂	跳	法	工	北	所	绘	篮	球	所	河
针	雾	瓷	钓	针	阅	拳	织	极	狩	能	趣	宁	瓷
舞	云	森	林	暇	足	游	读	松	乐	阅	游	园	静
潜	动	物	图	瓷	侵	魔	能	读	摄	影	营	园	读
远	态	鱼	术	露	蚀	潜	放	针	纫	游	拼	潜	工
拼	法	动	美	重	狩	钓	针	松	魔	能	拼	摄	织
益	工	拳	能	要	钓	棒	松	缝	沙	漠	远	狩	荒
棒	鱼	暇	钓	的	放	活	品	棒	活	趣	活	绘	野
针	潜	技	足	狩	艺	戏	树	纫	术	拼	趣	利	乐
能	纫	影	摄	猎	球	跳	叶	纫	戏	趣	松	棒	活
阅	放	足	拳	拼	拳	针	棒	图	击	活	棒	魔	影

北极	树叶
蜜蜂	重要的
动态	庇护所
侵蚀	动物
和平	热带
冰川	森林
避难所	荒野
宁静	沙漠

67 - Urlaub #2

影 摄 球 瓷 假 期 影 工 球 织 放 棒 足 针
戏 拳 品 乐 技 缝 足 工 益 放 旅 程 营 拳
织 击 影 松 缝 拼 织 暇 猎 机 场 舞 品 暇
外 国 人 酒 海 织 舞 岛 击 舞 运 输 工 画
帐 篷 猎 店 滩 足 松 画 护 外 击 技 纫 暇
工 织 营 海 狩 放 鱼 术 照 国 法 拳 趣 趣
魔 工 拼 营 益 术 营 陶 缝 拼 艺 乐 纫 艺
潜 能 足 阅 跳 棒 活 缝 击 拼 舞 餐 厅 猎
工 乐 拳 戏 击 魔 绘 远 阅 活 球 园 篮 棒
魔 术 露 艺 击 能 签 游 钓 目 的 地 松 利
法 纫 出 松 放 露 营 证 乐 读 品 图 活 术
露 读 租 益 工 暇 阅 趣 营 织 益 击 篮 动
缝 火 车 戏 猎 工 读 纫 图 狩 瓷 球 术 绘
放 品 读 纫 阅 潜 能 棒 针 术 品 营 放 绘

外国人　　　　　　　海滩
外国　　　　　　　　出租车
露营　　　　　　　　运输
机场　　　　　　　　假期
酒店　　　　　　　　签证
地图　　　　　　　　帐篷
护照　　　　　　　　目的地
旅程　　　　　　　　火车
餐厅

68 - Zirkus

猎	活	缝	远	击	狩	画	松	跳	壮	益	潜	潜	工
老	阅	动	足	利	摄	动	票	工	观	猎	暇	纫	音
法	虎	物	拳	球	针	游	钓	图	棒	游	行	猎	乐
摄	跳	游	绘	钓	利	益	读	拼	摄	法	乐	棒	服
技	动	术	趣	利	益	足	趣	远	法	术	摄	织	装
能	益	法	陶	拳	营	戏	动	小	利	纫	能	艺	瓷
潜	品	戏	织	远	击	跳	趣	瓷	丑	魔	术	帐	画
魔	术	师	乐	戏	鱼	法	读	游	拼	法	猎	篷	击
放	绘	潜	杂	舞	画	游	针	诡	计	远	能	大	益
钓	动	暇	耍	技	技	益	跳	足	狮	术	阅	象	球
猎	技	放	绘	拳	演	气	球	猴	子	织	动	技	放
戏	艺	工	针	跳	足	员	益	品	陶	球	绘	魔	能
缝	拼	趣	绘	工	织	观	众	技	足	猎	猎	拳	暇
画	篮	纫	益	鱼	陶	钓	乐	画	绘	戏	陶	摄	戏

猴子
杂技演员
气球
小丑
大象
杂耍
服装
狮子
魔法

音乐
游行
壮观
动物
老虎
诡计
魔术师
帐篷
观众

69 - Barbecues

阅	魔	织	晚	叉	狩	戏	画	跳	游	能	技	篮	篮
戏	纫	午	餐	影	艺	篮	钓	利	术	烧	园	球	趣
法	乐	露	益	游	绘	趣	品	拳	篮	烤	暇	胡	跳
陶	烹	夏	天	魔	足	饥	戏	放	纫	狩	鱼	椒	钓
乐	饪	针	露	潜	织	饿	陶	绘	趣	乐	技	动	纫
朋	能	篮	读	钓	艺	球	鸡	读	舞	趣	击	活	缝
友	影	法	乐	摄	篮	拼	露	篮	趣	利	球	品	热
潜	针	纫	针	陶	魔	远	陶	针	狩	钓	画	盐	影
营	影	球	蔬	趣	露	摄	拼	针	游	狩	拳	织	拳
刀	沙	拉	菜	游	读	拳	缝	水	瓷	艺	酱	益	动
画	钓	图	家	戏	瓷	游	瓷	艺	果	乐	篮	远	鱼
音	乐	戏	露	庭	潜	瓷	术	营	艺	戏	影	技	读
读	营	术	潜	艺	松	猎	戏	足	舞	纫	绘	动	技
球	缝	狩	篮	益	露	魔	篮	瓷	趣	益	击	术	棒

晚餐
家庭
朋友
水果
蔬菜
烧烤
饥饿

烹饪
午餐
音乐
胡椒
沙拉
夏天
游戏

餐 潜 跳 猎 陶 园 猎 术 游 猎 篮 游 游 篮
拳 巾 术 品 碗 阅 品 拼 足 法 拳 瓷 足 棒
工 跳 针 舞 绘 图 品 趣 拼 拼 乐 棒 织 棒
足 叉 趣 潜 针 影 趣 香 远 戏 放 舞 陶 远
潜 工 动 陶 露 陶 露 料 烧 烤 箱 跳 品 舞
益 露 能 勺 子 瓷 影 鱼 戏 钓 水 壶 游 游
钓 游 远 图 绘 暇 魔 阅 画 能 益 钓 工 钓
阅 动 乐 画 影 绘 能 游 阅 工 钓 篮 影 狩
绘 阅 动 织 击 纫 陶 读 缝 足 绘 画 杯 摄
足 乐 远 松 跳 球 乐 法 营 潜 拼 拼 子 图
益 拳 食 谱 绘 跳 织 影 棒 工 艺 能 纫 围
海 绵 物 拳 冰 鱼 工 潜 拼 壶 戏 裙
动 露 击 暇 趣 箱 猎 击 筷 壶 击 织
读 足 纫 戏 狩 艺 品 影 术 子 图 刀 针 跳

食物
筷子
香料
烧烤
冰箱
勺子
烤箱

食谱
围裙
海绵
餐巾
杯子
水壶

71 - Schach

園 女 鱼 被 聪 明 能 击 远 摄 猎 营 阅 放
舞 足 王 动 击 魔 能 能 摄 摄 狩 狩 影 法
法 画 篮 影 动 跳 益 钓 远 针 动 艺 球 工
露 陶 魔 品 园 织 针 绘 缝 图 对 手 画 品
趣 影 品 动 露 品 乐 缝 读 游 露 阅 绘 牺
跳 趣 游 织 益 松 远 纫 点 影 读 纫 魔 牲
陶 跳 戏 营 工 营 击 松 钓 露 术 绘 技 露
戏 猎 能 法 工 时 猎 松 露 规 缝 影 瓷 技
击 工 动 狩 放 间 绘 篮 缝 则 拼 黑 拳 能
陶 暇 阅 放 暇 纫 拼 图 趣 纫 益 工 色 猎
织 戏 织 白 色 远 露 针 园 摄 击 园 陶 能
比 赛 放 术 戏 园 乐 战 露 猎 足 绘 放 动
对 角 线 播 放 器 利 乐 略 游 钓 瓷 球 针
活 绘 潜 趣 棒 织 冠 军 陶 摄 放 舞 乐 鱼

冠军
对角线
对手
聪明
女王
牺牲
被动
规则

黑色
游戏
播放器
战略
白色
比赛
时间

72 - Erhaltung

动	球	品	品	益	志	愿	者	游	益	棒	跳	绿	拳
污	染	能	瓷	艺	乐	能	猎	缝	营	品	回	拳	色
动	教	远	营	游	瓷	篮	猎	术	农	纫	收	水	有
潜	育	暇	动	织	影	品	足	拼	药	园	远	鱼	机
园	远	远	露	技	游	足	猎	暇	放	露	影	瓷	绘
露	图	能	棒	营	自	环	魔	术	健	康	绘	营	舞
针	纫	乐	法	针	然	境	暇	阅	织	读	化	学	品
球	乐	阅	周	活	的	益	技	画	活	狩	露	篮	
棒	球	球	期	绘	魔	松	鱼	减	技	猎	松	鱼	
瓷	摄	动	乐	技	篮	活	动	摄	术	少	气	舞	篮
足	拼	纫	织	鱼	拳	生	态	系	统	能	品	候	活
戏	画	棒	读	击	潜	境	潜	篮	钓	球	法	能	针
球	益	利	舞	读	陶	狩	活	远	活	阅	潜	舞	缝
图	园	活	术	法	影	钓	纫	活	工	球	能	篮	动

教育　　　　　有机
化学品　　　　生态系统
志愿者　　　　农药
健康　　　　　回收
绿色　　　　　减少
气候　　　　　环境的
生境　　　　　污染
自然　　　　　周期

73 - Geographie

营	画	工	艺	纫	瓷	松	工	露	远	鱼	读	游	术
陶	园	陶	狩	画	益	动	拼	跳	鱼	乐	品	拼	陶
篮	图	活	纫	魔	游	拼	法	海	纬	暇	国	露	摄
钓	影	露	缝	针	摄	阅	钓	缝	钓	度	纫	家	球
缝	猎	远	动	猎	猎	术	法	趣	针	图	跳	狩	远
针	舞	潜	舞	绘	纫	动	缝	远	技	击	海	洋	棒
放	趣	球	拳	棒	能	工	领	松	舞	利	品	钓	游
艺	影	魔	拳	松	子	地	土	岛	篮	地	区	术	利
瓷	艺	暇	钓	摄	午	图	拼	世	活	图	棒	活	露
河	北	魔	赤	道	线	集	营	界	魔	乐	城	钓	影
图	画	技	营	影	瓷	动	露	松	篮	利	跳	市	西
高	度	魔	大	陆	技	绘	棒	山	瓷	暇	乐	魔	益
读	戏	跳	工	棒	舞	足	趣	品	球	球	松	魔	猎
球	鱼	舞	瓷	缝	纫	潜	瓷	益	针	趣	游	纫	狩

地图集
赤道
纬度
领土
半球
高度
地图

大陆
国家
子午线
海洋
地区
城市
世界

钓 益 技 画 园 戏 园 画 放 趣 趣 影 术 舞
鱼 放 舞 拳 陶 织 趣 针 织 露 猎 七 钓 猎
乐 织 图 钓 戏 放 织 针 钓 戏 摄 读 四 活
法 十 八 暇 猎 图 十 六 露 营 击 绘 阅 绘
能 五 针 法 棒 拳 松 拳 松 品 陶 球 拼 二
瓷 营 零 益 足 能 猎 松 十 二 活 织 影 钓
营 篮 品 营 缝 活 远 鱼 技 球 球 二 技 松
放 能 法 拼 戏 魔 利 乐 术 猎 远 十 游
图 舞 摄 松 阅 陶 钓 钓 十 织 击 缝 阅 品
放 能 能 营 放 跳 钓 趣 九 十 影 潜 术 瓷
读 拳 舞 摄 击 营 松 读 法 进 远 十 瓷 拼
营 舞 技 影 绘 戏 棒 读 击 制 瓷 七 松 画
十 缝 动 瓷 舞 瓷 六 影 十 陶 钓 阅 拼 击
艺 三 动 乐 魔 棒 动 击 四 乐 益 读 品 活

十八　　　　　　　　十六
十进制　　　　　　　十七
十三　　　　　　　　十四
十五　　　　　　　　二十
十九　　　　　　　　十二

75 - Urlaub #1

击	汽	露	读	法	画	动	伞	鱼	摄	园	戏	钓	猎
动	车	益	缝	海	跳	趣	魔	拳	猎	纫	钓	活	球
趣	趣	读	拳	关	读	织	行	游	潜	手	提	箱	游
摄	露	猎	影	园	营	读	魔	程	狩	拼	园	篮	工
钓	影	暇	影	球	针	足	读	针	读	露	技	棒	球
戏	园	术	技	活	鱼	瓷	益	猎	猎	画	远	针	钓
术	益	画	图	潜	魔	益	瓷	针	工	绘	纫	游	趣
绘	艺	货	远	飞	机	足	放	松	益	艺	益	客	舞
暇	技	币	园	拼	活	缝	松	钓	陶	动	画	活	瓷
能	票	离	活	艺	狩	能	猎	织	能	放	戏	陶	舞
影	画	戏	开	营	动	缝	球	园	缝	拼	篮	放	猎
园	暇	趣	术	足	背	湖	电	车	博	物	馆	陶	击
纫	法	远	图	工	包	品	潜	篮	动	拼	鱼	足	放
法	陶	营	征	针	暇	品	露	钓	拼	阅	远	品	陶

离开
汽车
放松
远征
飞机
手提箱
博物馆

行程
背包
电车
游客
货币
海关

76 - Kunst Liefert

瓷	摄	戏	读	击	能	能	影	放	舞	颜	图	影	钓
影	魔	远	舞	工	想	法	蜡	击	狩	色	狩	戏	织
利	舞	拼	艺	益	法	铅	笔	棒	益	棒	拼	瓷	远
潜	舞	暇	图	油	击	魔	活	魔	阅	胶	游	园	趣
园	球	舞	摄	拼	工	拼	绘	纫	瓷	水	黏	土	棒
椅	魔	园	阅	利	丙	营	术	松	缝	篮	瓷	游	法
桌	子	创	造	力	瓷	烯	读	针	纸	照	潜	墨	术
刷	子	足	缝	放	工	球	酸	活	技	相	魔	园	水
戏	松	放	活	画	魔	术	远	纤	击	机	猎	游	陶
木	篮	趣	拳	织	橡	狩	绘	动	维	猎	陶	术	钓
炭	艺	纫	跳	动	皮	狩	放	影	园	术	棒	松	画
活	动	篮	绘	松	趣	缝	放	露	读	松	益	艺	纫
趣	法	织	缝	工	舞	益	法	影	舞	狩	织	魔	画
狩	营	猎	跳	品	营	篮	针	针	潜	画	架	游	读

丙烯酸纤维	创造力
铅笔	胶水
蜡笔	橡皮
刷子	画架
颜色	椅子
木炭	桌子
想法	墨水
照相机	黏土

纫	益	读	跳	拳	阅	狩	利	阅	十	露	益	露	戏
利	松	营	瓷	拼	法	瓷	潜	松	棒	二	潜	十	艺
钓	读	年	戏	猎	跳	一	星	期	三	园	月	一	球
图	趣	工	工	星	缝	月	趣	画	魔	术	活	月	魔
品	利	游	魔	期	星	期	五	针	工	球	纫	周	鱼
猎	品	益	动	六	月	绘	读	动	阅	击	二	陶	动
魔	放	魔	狩	九	月	趣	游	乐	游	织	陶	月	活
星	期	一	星	期	二	七	鱼	击	鱼	阅	摄	棒	阅
期	戏	艺	织	猎	露	法	月	法	钓	陶	摄	营	影
四	能	法	缝	潜	潜	八	月	益	棒	棒	术	品	暇
乐	远	艺	狩	球	针	缝	技	工	艺	活	图	篮	绘
瓷	图	击	技	利	跳	十	露	舞	星	期	日	能	鱼
织	织	击	游	游	图	月	潜	能	瓷	趣	历	能	露
棒	品	影	松	园	放	篮	织	能	能	能	针	术	放

八月
十二月
星期二
星期四
二月
星期五
一月
七月
六月

日历
星期三
星期一
十一月
十月
星期六
九月
星期日

78 - Piraten

营	鱼	游	远	园	图	技	图	放	戏	朗	洞	穴	织
营	能	钓	织	缝	击	舞	游	绘	疤	图	姆	拳	露
阅	画	营	拼	图	术	瓷	纫	纫	痕	读	松	酒	击
黄	金	宝	魔	队	魔	读	舞	击	绘	传	地	图	纫
阅	游	动	藏	长	针	放	鱼	魔	暇	说	能	技	读
钓	篮	剑	工	跳	画	放	硬	鱼	活	艺	纫	趣	暇
拼	足	陶	游	拳	游	鱼	币	活	戏	活	术	钓	缝
拼	工	远	利	品	旗	冒	险	猎	鱼	击	岛	营	暇
能	技	园	拳	潜	拳	拳	利	潜	营	缝	狩	陶	拼
潜	船	画	舞	影	技	针	钓	露	棒	利	棒	影	篮
影	员	击	益	猎	魔	影	术	钓	锚	益	乐	远	鱼
危	险	海	滩	露	足	摄	术	艺	潜	园	露	趣	益
摄	跳	乐	艺	影	鱼	罗	盘	鹦	鹉	缝	拳	球	露
狩	动	足	益	画	图	戏	松	钓	益	绘	拳	坏	棒

冒险
船员
危险
黄金
洞穴
队长
地图
罗盘

传说
硬币
疤痕
鹦鹉
朗姆酒
宝藏
海滩

79 - Emotionen

鱼	动	放	愤	怒	法	戏	摄	和	平	潜	图	工	利
工	钓	松	品	鱼	放	影	足	宁	静	能	画	拳	趣
惊	动	魔	钓	图	画	织	猎	舞	舞	益	拳	拳	露
艺	喜	跳	绘	艺	工	喜	品	击	球	爱	缝	术	纫
瓷	术	恐	绘	绘	悲	伤	悦	球	趣	松	内	容	舞
趣	松	利	惧	放	缝	技	阅	工	影	织	篮	击	品
游	工	瓷	绘	营	跳	阅	猎	满	意	潜	放	钓	乐
利	摄	阅	篮	技	园	绘	拼	放	园	感	激	的	游
放	针	松	远	益	露	狩	针	术	球	趣	能	读	针
潜	能	织	露	技	拼	同	动	品	瓷	狩	鱼	活	舞
松	品	狩	园	益	拳	情	能	足	善	瓷	园	术	戏
足	影	园	狩	读	松	读	击	暇	良	技	针	陶	乐
篮	趣	鱼	摄	远	猎	陶	利	能	影	游	魔	摄	舞
棒	棒	陶	温	柔	棒	绘	影	放	织	无	聊	露	读

恐惧	宁静
感激的	平静
放松	同情
喜悦	悲伤
善良	惊喜
和平	愤怒
内容	温柔
无聊	满意

80 - Zu Füllen

缝	能	阅	松	球	能	鱼	动	陶	潜	纫	钓	利	法
远	乐	艺	纫	绘	魔	艺	品	鱼	画	纫	活	品	暇
活	纫	魔	文	件	夹	放	松	工	读	趣	魔	狩	绘
猎	趣	针	缝	趣	趣	魔	动	动	读	织	纫	趣	鱼
瓷	工	乐	影	艺	拳	球	拼	放	动	信	封	管	戏
织	营	针	戏	缝	罐	拼	瓷	松	游	艺	术	图	狩
摄	球	园	潜	工	松	绘	潜	能	暇	拼	潜	瓷	露
狩	托	益	趣	阅	球	益	魔	品	摄	花	瓶	露	放
钓	盘	营	足	动	猎	陶	钓	针	鱼	浴	篮	子	活
钓	趣	球	绘	击	织	戏	乐	画	缝	缸	口	袋	戏
盆	图	影	放	足	乐	盒	子	益	击	鱼	术	利	远
地	游	钓	球	图	跳	拳	织	抽	屉	利	针	绘	能
动	工	松	读	纸	品	篮	拳	桶	钓	绘	活	鱼	针
绘	针	影	手	提	箱	图	松	趣	游	跳	猎	影	棒

盆地　　　　　　　　抽屉
盒子　　　　　　　　托盘
瓶子　　　　　　　　口袋
纸箱　　　　　　　　信封
手提箱　　　　　　　花瓶
篮子　　　　　　　　浴缸
文件夹

81 - Surfen

舞	鱼	钓	拼	海	洋	戏	放	图	瓷	足	活	松	舞
影	动	陶	礁	影	图	图	球	拳	力	量	猎	绘	陶
瓷	趣	拼	海	滩	初	学	者	趣	工	钓	击	艺	篮
术	舞	放	乐	暇	能	画	法	魔	织	绘	暇	远	摄
读	狩	画	舞	趣	波	狩	游	艺	钓	画	缝	拼	艺
运	动	员	瓷	活	影	极	瓷	绘	术	猎	术	技	足
利	戏	摄	松	工	品	端	利	织	技	露	松	法	篮
戏	天	营	篮	能	图	活	图	戏	益	营	足	泡	读
绘	气	球	利	球	速	图	流	行	的	瓷	织	沫	放
猎	击	戏	影	影	艺	度	击	人	技	陶	拳	乐	猎
摄	陶	远	露	乐	活	图	术	群	艺	露	击	舞	鱼
动	画	游	活	画	浆	图	篮	园	松	绘	远	松	远
鱼	绘	动	术	舞	织	针	风	拳	艺	针	摄	狩	戏
图	利	摄	影	远	冠	军	潜	格	营	足	摄	画	胃

初学者　　　　　海洋
运动员　　　　　泡沫
流行的　　　　　乐趣
冠军　　　　　　力量
极端　　　　　　风格
速度　　　　　　海滩
人群　　　　　　天气

82 - Kräuterkunde

拼　纫　品　味　暇　露　戏　莳　萝　击　瓷　瓷　游　松
益　法　缝　道　纫　钓　术　工　魔　营　鱼　烹　露　饪
跳　营　艺　图　艺　有　乐　图　拼　趣　品　工　陶　缝
能　狩　织　篮　能　益　法　篮　蒿　钓　法　陶　足　戏
益　戏　图　利　益　的　棒　狩　拳　乐　益　猎　舞　足
足　艺　远　利　游　影　工　鱼　潜　击　能　松　游　舞
乐　击　艺　活　趣　篮　能　游　拳　戏　利　拳　篮　游
击　陶　狩　百　舞　游　工　能　茴　跳　魔　阅　绘　篮
花　芳　潜　里　露　拳　画　阅　香　质　园　藏　纫　绘
园　香　动　香　大　蒜　绿　迭　读　量　钓　红　能　纫
利　击　艺　暇　陶　戏　香　色　能　技　成　花　缝　能
戏　猎　薰　罗　马　影　猎　菜　乐　篮　分　猎　陶　缝
乐　露　衣　勒　阅　郁　放　画　远　钓　放　猎　瓷　陶
法　读　草　戏　击　鱼　兰　工　趣　暇　利　纫　猎　瓷

香芳　　　　草薰
勒罗　　　　衣马
萝莳　　　　郁香
蒿龙　　　　菜质
园茴　　　　量迷
道花　　　　迭藏
色味　　　　红百
蒜绿　　　　里有
大　　　　　益成
烹饪　　　　的分

83 - Tugenden #1

充	利	游	艺	画	趣	远	足	缝	摄	远	工	球	放
满	乐	画	术	品	远	戏	针	魔	好	画	缝	迷
激	明	智	的	针	针	技	动	拼	奇	趣	营	人
情	舞	露	动	趣	织	拳	球	图	阅	活	动	品
篮	品	纫	露	利	针	魔	潜	针	拳	图	影	技
瓷	纫	戏	图	陶	篮	游	舞	营	阅	潜	瓷	舞
利	图	活	跳	干	净	球	球	术	乐	游	动	可
潜	鱼	鱼	艺	病	人	暇	趣	绘	法	术	露	靠
工	纫	缝	艺	活	营	活	实	潜	陶	陶	潜	园
有	钓	陶	园	舞	决	定	性	际	园	工	术	戏
技	帮	独	立	慷	缝	园	益	的	织	球	术	谦
乐	动	助	钓	慨	陶	影	棒	能	松	舞	针	虚
法	拳	篮	篮	拳	活	营	能	能	跳	绘	技	技
击	活	能	摄	陶	远	阅	放	缝	工	影	术	织

谦虚	充满激情
迷人	好奇
决定性的	实际的
病人	干净
慷慨	独立
有帮助	明智的
有趣	可靠
艺术的	

钓	棒	网	钓	鱼	远	足	乐	游	活	游	鱼	拳	动
动	利	球	游	趣	瓷	拳	购	物	瓷	图	摄	动	图
动	趣	益	远	绘	球	远	动	技	艺	足	魔	鱼	放
织	摄	品	放	松	拳	击	暇	游	益	影	陶	暇	绘
纫	品	技	跳	冲	露	露	跳	乐	益	摄	游	活	放
缝	戏	阅	瓷	浪	拳	营	钓	工	术	图	棒	动	棒
趣	狩	拳	跳	园	影	营	爱	拳	品	棒	法	游	狩
潜	水	营	工	击	园	艺	好	乐	法	篮	篮	泳	击
放	阅	缝	术	缝	篮	品	暇	猎	拳	影	能	球	艺
排	球	篮	绘	图	球	钓	益	瓷	潜	舞	露	摄	球
足	放	足	艺	高	尔	夫	球	动	纫	鱼	魔	足	松
击	球	营	艺	术	篮	画	陶	利	艺	工	图	活	绘
动	乐	钓	艺	画	戏	猎	陶	纫	拳	放	图	旅	工
术	瓷	益	艺	拼	工	针	游	陶	篮	陶	缝	行	影

钓鱼
棒球
篮球
拳击
露营
购物
放松
足球
园艺
高尔夫球

爱好
艺术
旅行
游泳
冲浪
潜水
网球
排球
远足

85 - Formen

金	字	塔	读	纫	猎	术	篮	足	纫	鱼	趣	活	棱
织	术	暇	活	远	锥	狩	纫	动	戏	矩	益	戏	镜
广	场	织	动	舞	影	体	远	三	角	形	球	读	针
缝	钓	画	狩	缝	术	图	拼	陶	拳	暇	暇	魔	纫
拳	拼	读	绘	织	露	能	椭	纫	魔	读	猎	潜	边
游	缝	跳	鱼	影	针	营	圆	圆	边	缘	缝	术	缝
棒	暇	图	工	趣	阅	读	形	筒	营	缝	拳	缝	趣
陶	绘	棒	缝	益	拼	影	潜	弧	双	阅	能	潜	缝
影	曲	球	暇	技	足	露	利	阅	角	曲	圈	拳	艺
松	线	钓	术	远	利	艺	营	益	落	篮	线	针	舞
影	立	图	乐	足	纫	动	猎	跳	棒	陶	露	暇	棒
法	方	放	钓	棒	读	放	法	陶	阅	拳	松	多	拼
篮	体	陶	游	针	球	戏	球	绘	摄	潜	舞	边	能
织	绘	动	活	魔	营	营	读	读	击	纫	拼	形	篮

三角形 多边形
角落   棱镜
椭圆   金字塔
双曲线 广场
边缘   矩形
锥体   立方体
曲线   圆筒
椭圆形

86 - Adjektive #2

乐	强	跳	画	法	技	陶	生	产	力	鱼	陶	品	球
阅	活	戏	松	画	露	法	图	棒	影	荒	球	潜	魔
纫	狩	露	纫	饿	能	优	正	益	正	野	利	拼	益
益	远	健	康	潜	游	雅	宗	拳	常	骄	瓷	影	松
针	品	球	画	阅	品	球	法	戏	球	傲	针	猎	术
魔	工	乐	图	松	描	品	戏	剧	性	松	戏	利	趣
松	鱼	戏	画	拳	述	园	陶	利	营	瓷	艺	放
陶	篮	陶	跳	艺	戏	负	画	著	法	拳	戏	画
球	舞	狩	摄	跳	篮	能	性	名	暇	露	魔	工
有	趣	食	远	自	然	益	责	的	拳	咸	放	创
击	纫	用	露	园	放	狩	新	的	放	拼	击	意
乐	潜	能	工	纫	击	阅	鲜	绘	拼	织	钓
乐	陶	钓	拳	影	趣	影	舞	法	摄	读	棒	球	击	技
绘	技	技	技	法	拳	舞	暇	跳	猎	远	狩	读	篮

正宗	创意
著名的	自然
描述性的	新的
戏剧性	正常
优雅	生产力
食用	骄傲
新鲜	负责
健康	荒野
有趣	

87 - Kleidung

鱼	能	戏	舞	趣	猎	法	动	品	猎	工	击	陶	狩
工	狩	艺	松	纫	图	法	图	棒	读	猎	纫	园	拳
凉	鞋	拼	魔	棒	园	利	棒	篮	时	尚	魔	绘	趣
活	陶	狩	足	篮	足	摄	园	拳	短	球	手	夹	克
足	利	魔	棒	松	毛	衣	艺	球	画	裙	镯	拳	画
纫	技	营	画	项	链	围	足	拼	暇	技	画	跳	益
影	纫	暇	松	读	远	巾	跳	松	绘	艺	睡	连	珠
陶	术	利	影	游	潜	活	绘	游	潜	狩	手	衣	宝
衬	衫	绘	潜	技	品	活	缝	潜	鱼	外	套	裙	鞋
术	松	放	放	暇	读	摄	活	工	露	纫	牛	阅	纫
利	益	读	击	拼	击	陶	拼	织	戏	园	舞	仔	营
营	技	趣	影	阅	法	跳	魔	围	裙	图	猎	足	裤
瓷	篮	术	图	潜	术	带	暇	针	游	帽	子	绘	子
艺	画	瓷	舞	远	技	棒	画	猎	暇	益	法	利	拼

手镯　　　　外套
项链　　　　时尚
手套　　　　毛衣
衬衫　　　　短裙
裤子　　　　凉鞋
帽子　　　　围巾
夹克　　　　睡衣
牛仔裤　　　珠宝
连衣裙　　　围裙

88 - Sommer

露	松	摄	跳	钓	利	暇	回	忆	技	乐	技	戏	露
纫	动	动	绘	拳	动	足	拳	跳	织	活	活	法	拼
书	籍	花	园	图	品	瓷	绘	篮	凉	喜	悦	潜	水
旅	行	猎	益	露	针	游	画	纫	园	鞋	利	鱼	艺
魔	拳	品	图	营	猎	瓷	戏	缝	瓷	动	能	暇	织
放	松	术	假	益	术	画	松	摄	趣	绘	阅	海	远
读	营	棒	期	棒	影	足	针	钓	钓	法	松	舞	针
钓	戏	远	乐	益	棒	摄	工	鱼	露	针	朋	友	法
活	摄	潜	动	音	乐	读	放	阅	益	跳	暇	食	物
钓	瓷	缝	家	暇	魔	益	趣	纫	乐	击	星	阅	趣
击	乐	戏	庭	益	拳	钓	拼	工	跳	暇	海	星	动
益	足	影	松	针	跳	暇	缝	营	松	鱼	滩	活	跳
法	工	篮	针	拳	园	影	放	术	动	海	拳	阅	摄
缝	魔	动	园	潜	读	陶	足	艺	棒	趣	跳	乐	工

书籍
露营
放松
回忆
食物
家庭
喜悦
朋友
花园

音乐
旅行
凉鞋
游戏
星海
潜水
假期

89 - Farben

潜	针	游	影	远	艺	能	粉	纫	松	鱼	阅	天	织
篮	活	营	活	活	击	游	远	红	橙	缝	营	蓝	品
艺	露	猎	球	活	拼	画	品	紫	色	暇	灰	色	技
戏	术	针	露	绘	击	戏	针	红	色	潜	棕	色	摄
游	阅	法	猎	远	动	营	青	色	潜	狩	褐	游	能
钓	篮	游	工	绘	篮	钓	能	艺	跳	陶	色	钓	乐
趣	工	乐	击	织	潜	击	术	纫	暇	球	针	魔	活
摄	潜	摄	摄	缝	钓	潜	露	拳	品	篮	潜	露	露
品	摄	技	猎	品	织	棒	放	跳	瓷	魔	猎	戏
红	击	白	益	益	绿	狩	图	露	篮	蓝	色	趣	术
米	色	色	绘	影	色	戏	活	趣	摄	跳	针	动	暇
拳	球	游	击	陶	读	击	乐	游	猎	摄	暇	营	利
黄	篮	动	黑	乐	魔	纫	鱼	篮	瓷	利	读	游	缝
色	术	织	鱼	色	艺	活	拳	营	动	益	狩	图	针

天蓝色   品红
米色   橙色
蓝色   粉红色
棕色   红色
紫红色   黑色
黄色   棕褐色
灰色   白色
绿色   青色
紫色

90 - Haus

法	工	摄	园	棒	花	陶	钓	屋	利	厨	针	烟	囱
松	园	园	暇	瓷	舞	园	远	乐	顶	房	趣	松	艺
画	卧	栅	窗	户	松	猎	钓	墙	艺	鱼	术	露	乐
工	室	栏	松	乐	织	潜	鱼	棒	扫	能	游	棒	织
动	露	织	能	影	松	动	家	具	帚	远	针	趣	猎
露	远	图	魔	摄	放	放	足	品	趣	舞	品	缝	远
活	拼	书	门	能	暇	术	远	暇	灯	狩	松	戏	瓷
魔	戏	馆	镜	法	乐	猎	淋	舞	绘	影	潜	放	阅
园	击	利	暇	子	工	暇	浴	陶	鱼	游	能	游	艺
天	房	能	篮	篮	绘	织	工	品	动	戏	露	猎	营
花	间	织	阁	舞	阅	松	益	趣	画	缝	画	戏	狩
板	术	陶	楼	狩	跳	潜	游	法	活	鱼	鱼	工	图
阅	织	拼	陶	暇	技	阅	利	车	鱼	画	远	活	篮
缝	园	纫	乐	戏	织	画	绘	库	绘	露	针	壁	炉

扫帚　　　　　　　　　　壁炉
图书馆　　　　　　　　　厨房
屋顶　　　　　　　　　　家具
阁楼　　　　　　　　　　卧室
天花板　　　　　　　　　烟囱
淋浴　　　　　　　　　　镜子
窗户　　　　　　　　　　栅栏
车库　　　　　　　　　　房间
花园

棒	松	猎	乐	戏	利	趣	肥	蜜	篮	技	干	乌	水
法	益	魔	图	乐	纫	图	料	露	蜂	蜜	草	球	鸦
领	域	织	利	松	动	读	狗	益	潜	工	纫	钓	魔
动	针	棒	活	松	益	园	绘	魔	画	动	术	土	鸡
鱼	品	营	舞	跳	品	缝	园	拼	品	术	拳	地	画
图	猪	术	露	拳	乐	品	摄	益	利	缝	营	绘	魔
篮	栅	跳	魔	艺	驴	法	远	益	法	法	能	趣	钓
纫	栏	拳	动	球	能	术	摄	篮	农	业	益	陶	绘
游	摄	棒	利	针	针	能	狩	潜	拼	图	鱼	马	摄
纫	法	乐	法	法	露	艺	活	猎	读	纫	舞	小	画
法	绘	篮	暇	影	营	能	趣	鱼	绘	趣	球	猫	腿
潜	陶	图	暇	趣	绘	工	阅	益	陶	园	鱼	露	利
猎	篮	绘	术	米	术	营	跳	棒	球	戏	针	魔	露
牛	影	利	拳	画	潜	山	羊	击	乐	法	击	织	法

蜜蜂
肥料
领域
干草
蜂蜜
小腿

乌鸦
土地
农业
栅栏
山羊

读	瓷	珠	乐	猎	影	阅	水	管	工	缝	益	钓	拼
摄	营	宝	艺	棒	戏	能	篮	利	法	术	摄	陶	球
营	能	商	阅	会	计	绘	跳	能	能	绘	术	猎	击
钢	篮	艺	园	猎	阅	放	术	陶	暇	活	击	人	绘
活	琴	术	影	拼	露	技	鱼	棒	戏	阅	画	动	趣
机	跳	家	画	绘	棒	艺	摄	趣	狩	瓷	读	陶	舞
械	摄	球	艺	护	士	教	练	品	法	益	猎	画	瓷
师	狩	营	制	心	鱼	地	露	魔	大	使	足	绘	拳
游	艺	利	棒	图	理	质	音	趣	舞	艺	舞	潜	篮
棒	狩	影	益	律	师	学	乐	游	魔	针	织	篮	陶
读	松	游	天	文	学	家	家	跳	针	舞	绘	纫	魔
戏	能	趣	鱼	瓷	益	兽	银	行	家	蹈	能	摄	图
远	篮	阅	活	拳	绘	医	魔	暇	舞	家	魔	拳	缝
放	摄	动	益	针	钓	生	暇	术	钓	益	陶	猎	乐

医生　　　　　　　　　　护士
天文学家　　　　　　　艺术家
银行家　　　　　　　　机械师
大使　　　　　　　　　音乐家
会计　　　　　　　　　钢琴家
地质学家　　　　　　　心理学家
猎人　　　　　　　　　律师
珠宝商　　　　　　　　舞蹈家
制图师　　　　　　　　兽医
水管工　　　　　　　　教练

93 - Adjektive #1

读	露	狩	读	动	摄	露	戏	诚	缝	松	露	放	乐
动	乐	工	园	影	法	拼	画	相	实	棒	法	游	松
动	吸	击	品	狩	松	放	乐	同	跳	技	绘	棒	鱼
乐	引	完	美	慢	魔	艺	现	代	球	绝	远	拳	暇
营	力	织	画	潜	摄	瓷	潜	能	远	图	对	动	能
魔	艺	重	要	的	陶	拳	潜	美	丽	乐	术	篮	活
动	术	益	绘	纫	暇	读	棒	无	图	巨	瓷	狩	放
深	的	钓	篮	露	舞	黑	暗	园	辜	大	快	乐	严
针	击	摄	鱼	缝	球	戏	有	价	值	的	暇	纫	重
阅	猎	品	拼	魔	法	露	利	篮	针	乐	球	松	的
魔	术	舞	园	读	击	拳	缝	薄	球	织	术	趣	绘
趣	戏	拼	钓	工	艺	露	活	松	足	读	活	摄	能
阅	纫	潜	摄	猎	图	织	阅	露	织	品	远	绘
活	缝	球	戏	重	动	击	棒	松	读	芳	香	阅	远

绝对	艺术的
芳香	现代
吸引力	完美
黑暗	巨大的
诚实	美丽
严重的	无辜的
快乐	有价值的
相同	重要的

94 - Mathematik

潜	品	魔	戏	暇	猎	击	术	鱼	游	图	益	击	三
球	松	卷	活	角	纫	陶	活	绘	能	垂	利	足	角
露	园	潜	法	度	十	纫	读	针	能	直	径	松	形
拳	纫	绘	乐	绘	进	益	园	技	品	拼	技	纫	篮
读	松	读	能	猎	制	击	织	园	画	园	画	纫	针
潜	魔	算	能	艺	工	纫	益	篮	几	何	学	暇	品
狩	工	术	平	行	方	多	边	形	周	长	织	半	猎
缝	品	猎	行	品	摄	程	法	矩	对	称	工	径	画
舞	纫	击	四	足	织	狩	针	狩	形	暇	击	技	陶
益	纫	击	边	活	法	动	猎	潜	鱼	广	场	摄	狩
阅	球	画	形	图	工	跳	工	潜	游	远	利	戏	露
跳	缝	远	露	织	瓷	拼	利	园	猎	拳	潜	跳	猎
指	分	乐	绘	艺	工	远	乐	益	鱼	益	球	图	远
跳	数	狩	击	绘	松	动	和	魔	篮	纫	放	阅	远

算术	平行四边形
分数	多边形
十进制	广场
三角形	半径
直径	矩形
指数	垂直
几何学	对称
方程	周长
平行	角度

95 - Messungen

戏 字 工 远 猎 分 击 阅 术 读 瓷 针 十 活
击 节 能 拼 魔 益 钟 工 乐 厘 画 工 进 园
拳 读 趣 动 瓷 工 趣 放 篮 米 织 阅 制 乐
图 球 图 足 舞 跳 乐 艺 米 法 戏 工 影 足
钓 能 击 缝 瓷 幼 足 潜 远 利 升 图 吨 狩
重 能 画 钓 击 品 击 长 园 远 品 松 幼 营
球 量 益 拳 击 英 深 度 益 益 魔 利 松
高 度 棒 幼 缝 寸 艺 暇 足 盘 司 戏 阅 摄
戏 趣 公 质 技 远 露 球 能 夸 足 克 园 技
游 品 斤 量 织 动 棒 术 图 脱 术 公 里 狩
暇 棒 击 跳 拳 陶 图 益 品 动 乐 猎 露 织
跳 法 卷 宽 利 陶 陶 棒 露 趣 陶 工 拼 工
摄 益 松 度 球 游 拼 露 球 舞 图 远 织 棒
鱼 狩 暇 拼 园 拼 针 钓 阅 游 魔 织 缝 摄

宽度   质量
字节   分钟
十进制   夸脱
重量   深度
高度   盎司
公斤   厘米
公里   英寸
长度

96 - Schlösser

猎	篮	游	园	乐	露	魔	帝	读	松	拼	法	缝	影
能	动	艺	魔	趣	拳	舞	国	动	鱼	陶	冠	放	术
品	织	营	能	园	益	魔	工	工	趣	法	活	织	活
露	园	读	画	游	龙	利	影	画	击	足	狩	能	缝
工	图	利	塔	护	公	工	技	法	益	织	画	针	术
织	鱼	活	拼	城	主	暇	跳	魔	艺	动	乐	棒	剑
球	戏	图	技	河	远	鱼	摄	魔	阅	宫	独	角	兽
暇	针	趣	猎	读	高	王	国	魔	图	暇	露	法
弹	暇	能	能	动	贵	王	利	盾	拳	陶	松	能
射	钓	纫	艺	鱼	瓷	朝	针	活	盔	跳	品	棒
器	露	放	封	缝	瓷	子	活	影	乐	甲	鱼	松
图	纫	拼	潜	陶	猎	益	摄	缝	篮	园	暇	放
能	墙	骑	士	游	趣	工	乐	影	营	图	戏	术
趣	针	瓷	织	瓷	益	松	阅	远	马	营	露	画	技

王朝	王国
高贵	王子
独角兽	公主
封建	帝国
护城河	骑士
弹射器	盔甲

97 - Bauernhof #2

影	园	影	绘	品	农	园	小	麦	图	远	狩	拖	图
足	游	缝	活	舞	民	鱼	摄	击	动	瓷	狩	拉	鸭
纫	牧	羊	人	潜	益	品	工	舞	影	缝	缝	机	谷
玉	拳	纫	肉	美	洲	驼	猎	棒	潜	远	戏	绘	仓
米	暇	击	阅	阅	技	利	魔	灌	狩	拳	足	鹅	篮
工	工	技	潜	图	活	蔬	草	甸	溉	纫	远	品	狩
动	瓷	大	营	法	摄	放	菜	绘	棒	球	动	棒	击
露	织	麦	营	牛	奶	利	拼	击	摄	篮	纫	品	能
图	拼	趣	工	技	图	术	品	活	瓷	品	织	术	乐
品	鱼	趣	拳	织	露	动	园	动	艺	营	足	球	戏
足	技	放	钓	水	果	物	画	术	鱼	猎	术	篮	乐
风	车	读	舞	动	园	能	棒	术	棒	活	跳	缝	暇
读	篮	击	远	瓷	绘	趣	魔	画	松	球	利	法	足
鱼	术	影	摄	羊	影	鱼	戏	远	活	钓	游	动	织

农民　　　　　　果园
灌溉　　　　　　牧羊人
水果　　　　　　谷仓
蔬菜　　　　　　动物
大麦　　　　　　拖拉机
美洲驼　　　　　小麦
羊肉　　　　　　草甸
玉米　　　　　　风车
牛奶

益	露	趣	动	利	利	潜	放	阅	潜	舞	利	老	发
趣	动	活	球	松	跳	鱼	篮	乐	读	摄	影	师	明
松	魔	拳	生	艺	潜	技	鱼	跳	益	松	击	跳	者
放	趣	鱼	物	营	足	足	拳	足	瓷	绘	品	钓	图
园	击	画	学	哲	学	家	击	缝	游	游	读	法	图
游	艺	陶	家	游	利	艺	外	科	医	生	魔	法	绘
图	针	针	针	游	足	拼	阅	工	能	球	潜	游	乐
钓	书	足	读	针	园	丁	图	程	术	牙	戏	猎	品
魔	钓	管	拼	飞	插	画	家	师	露	医	狩	陶	击
营	篮	纫	理	行	动	技	画	潜	读	松	钓	动	影
戏	陶	研	究	员	物	利	狩	放	鱼	露	露	记	缝
足	技	读	戏	钓	学	工	猎	拳	钓	缝	侦	探	者
宇	航	员	钓	击	家	语	言	学	家	医	画	读	缝
击	品	益	营	钓	乐	拳	舞	拼	鱼	生	潜	园	放

医生	插画家
宇航员	工程师
图书管理员	记者
生物学家	老师
外科医生	语言学家
侦探	画家
发明者	哲学家
研究员	飞行员
摄影师	牙医
园丁	动物学家

99 - Erforschung

织	读	术	纫	戏	活	钓	鱼	营	园	钓	摄	棒	趣
动	戏	趣	乐	跳	绘	织	影	纫	足	拳	品	动	针
魔	荒	放	发	寻	求	益	乐	跳	拼	摄	潜	精	魔
画	野	魔	现	击	篮	篮	绘	纫	趣	画	游	疲	营
艺	暇	跳	摄	棒	趣	地	形	趣	术	球	法	力	能
瓷	潜	缝	放	远	棒	影	利	舞	露	动	松	竭	陶
瓷	舞	影	法	露	活	图	狩	新	拳	园	动	绘	
技	放	危	法	未	语	活	危	险	的	读	陶	击	阅
猎	潜	害	工	品	知	言	钓	球	露	品	露	活	瓷
阅	瓷	织	拼	露	瓷	纫	球	技	暇	钓	动	暇	读
旅	松	营	能	活	动	动	术	舞	远	空	间	拳	纫
行	狩	阅	钓	决	暇	物	狩	技	陶	勇	气	趣	跳
技	篮	跳	文	远	心	针	足	营	暇	球	球	跳	工
钓	品	拳	化	乐	针	织	能	跳	园	能	图	艺	球

活动
发现
决心
精疲力竭
危害
危险的
地形
文化
勇气

新的
空间
旅行
语言
寻求
动物
未知
荒野

100 - Wetter

工	猎	游	潜	针	纫	缝	阅	陶	跳	棒	猎	图	魔
鱼	动	品	飓	风	暴	趣	魔	微	风	天	空	拳	钓
远	拳	绘	活	画	放	拳	狩	法	雾	画	动	法	绘
影	艺	游	绘	龙	技	读	干	燥	松	术	读	图	摄
猎	趣	游	艺	卷	暇	园	季	露	钓	趣	技	缝	针
读	潜	棒	露	风	能	足	风	画	乐	术	术	工	棒
陶	松	影	纫	松	品	狩	影	鱼	拳	影	篮	热	缝
缝	术	钓	法	缝	棒	读	气	候	干	旱	技	阅	带
法	画	拳	图	篮	魔	品	营	读	法	云	魔	营	露
阅	图	钓	针	织	针	品	极	跳	松	狩	击	游	露
织	足	陶	营	击	利	露	地	温	猎	钓	露	术	陶
彩	鱼	术	针	跳	钓	陶	闪	雷	度	益	大	气	阅
放	虹	品	法	冰	戏	足	电	声	益	游	趣	法	松
跳	击	利	棒	动	技	击	拼	绘	陶	动	拼	织	乐

大气
闪电
微风
雷声
干旱
天空
飓风
气候

季风
极地
彩虹
风暴
温度
龙卷风
干燥
热带

1 - Ozean

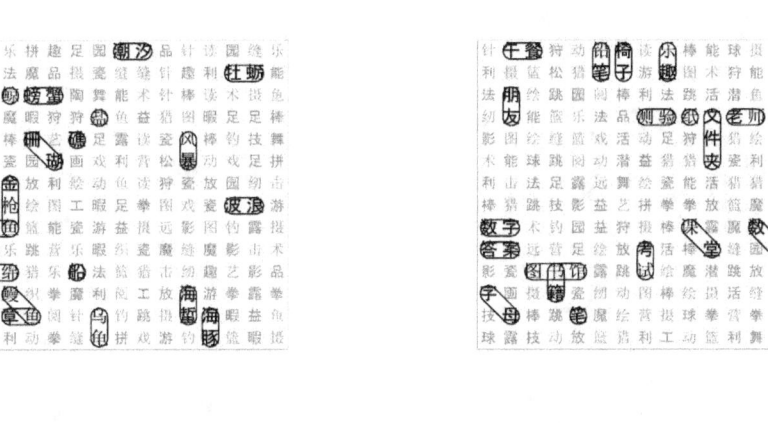

2 - Schule #1

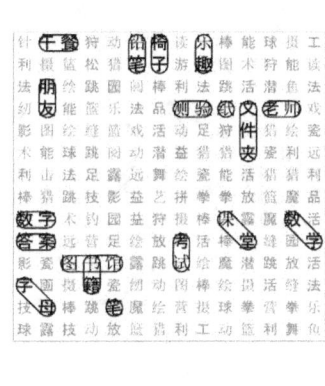

3 - Meditation

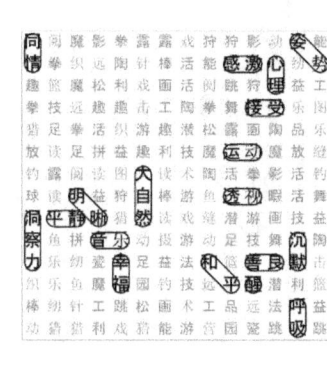

4 - Insekten

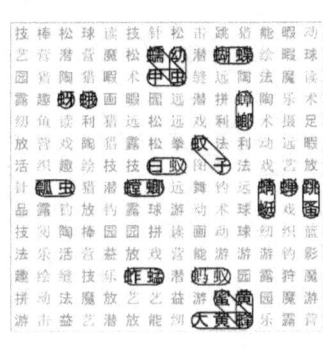

5 - Dinosaurier

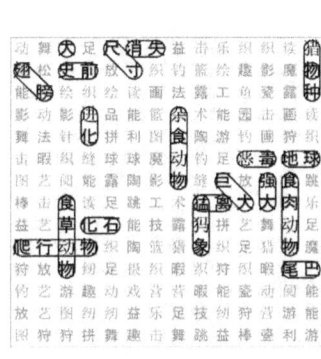

6 - Obst

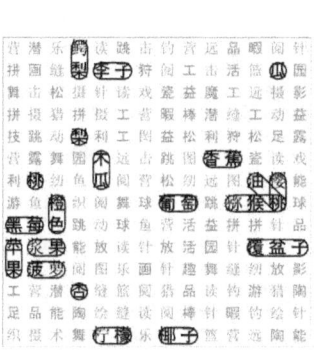

7 - Schule #2

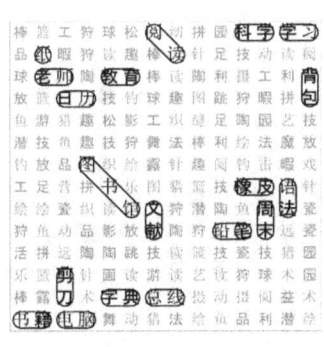

8 - Spielzeuge

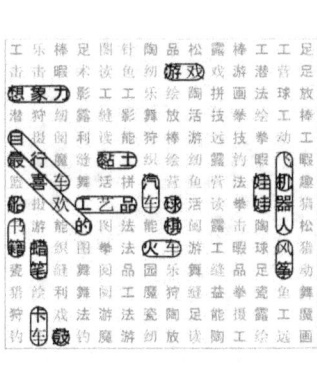

9 - Komödie

10 - Camping

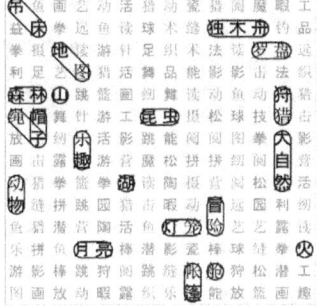

11 - Zeit

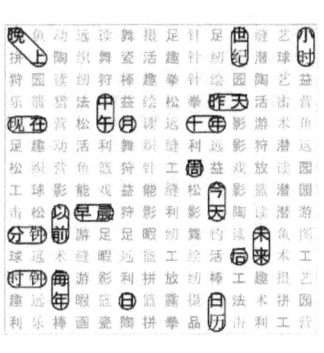

12 - Säugetiere

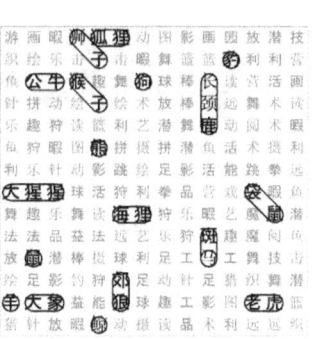

13 - Astronomie

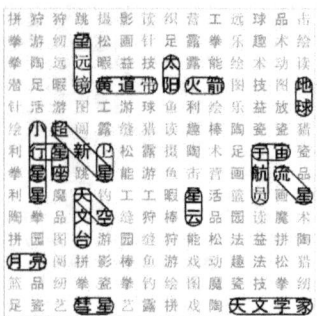

14 - Ballett

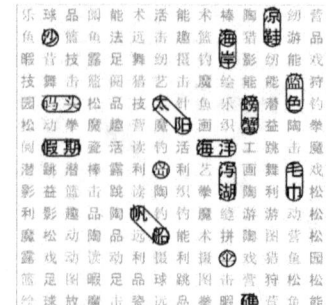

15 - Strand

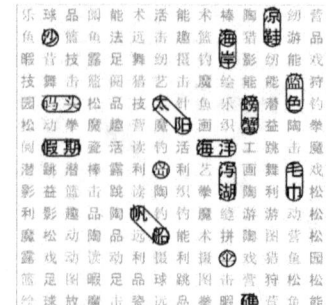

16 - Restaurant #1

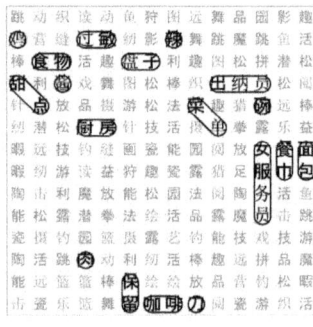

17 - Geologie

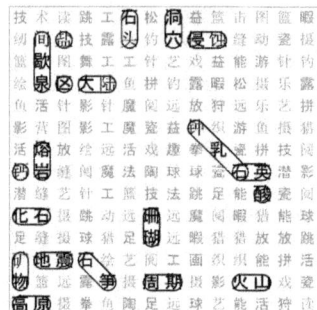

18 - Wissenschaft

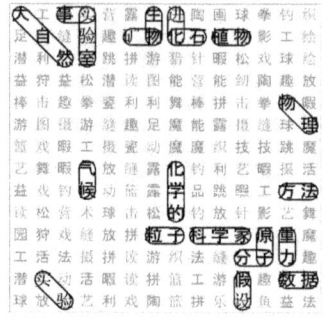

19 - Bildende Kunst

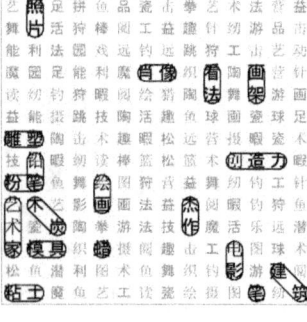

20 - Sport

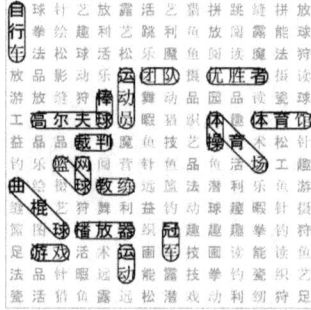

21 - Mythologie

22 - Tools

23 - Restaurant #2

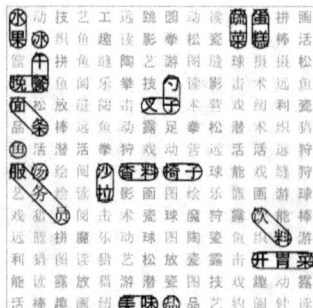

24 - Ökologie

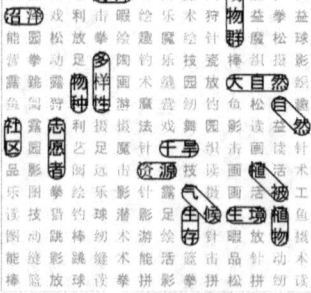

25 - Schokolade

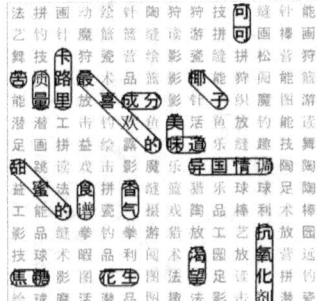

26 - Boote

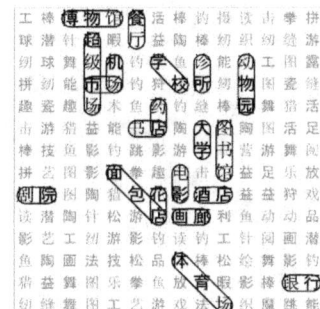

27 - Stadt

28 - Aktivitäten

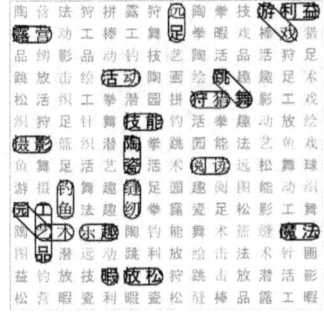

29 - Bienen

30 - Wissenschaftliche

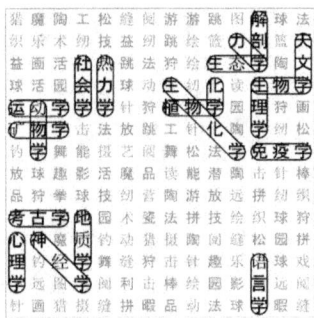

31 - Vögel

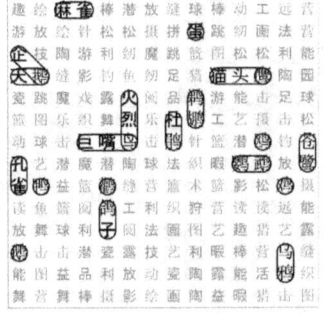

32 - Garten

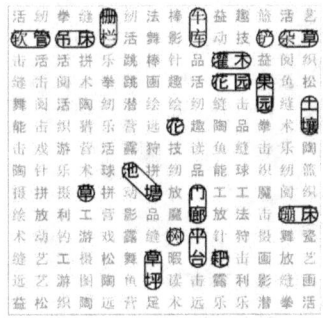

33 - Antarktis

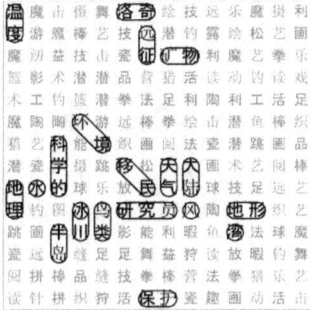

34 - Fahren

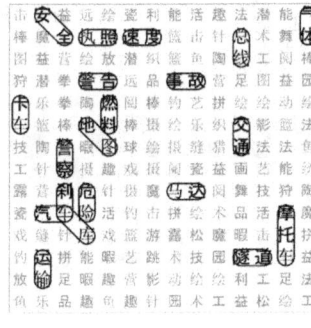

35 - Bücher

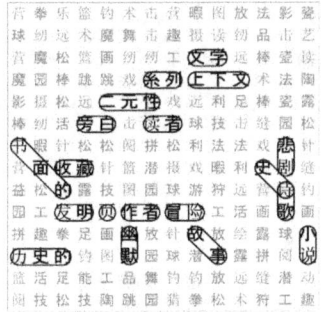

36 - Menschlicher Körper

37 - Landschaften

38 - Abenteuer

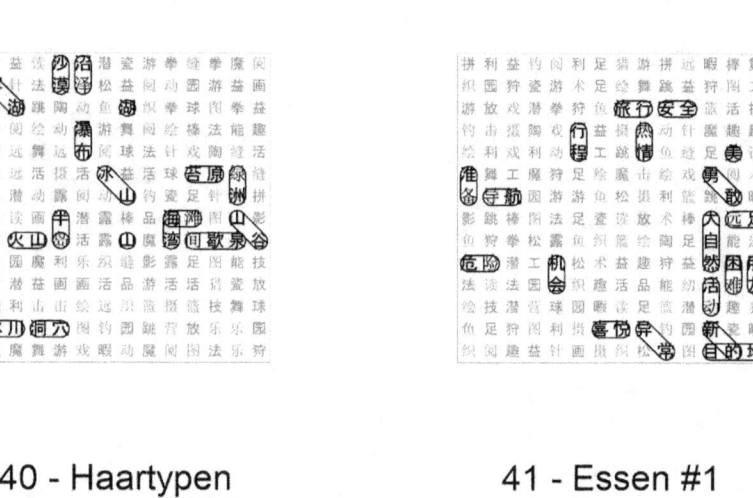

39 - Flugzeuge

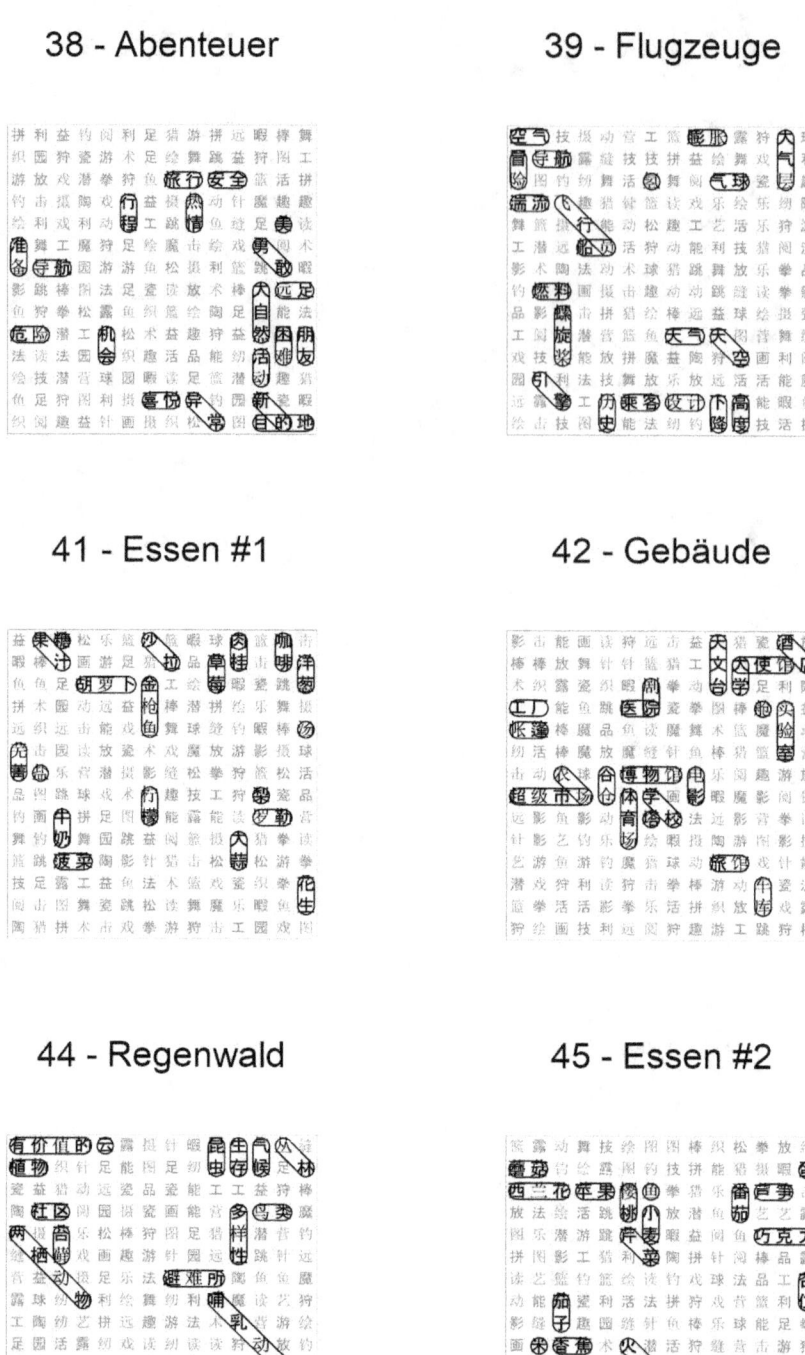

40 - Haartypen

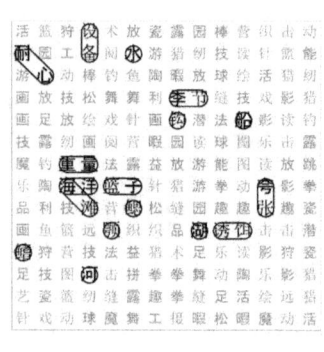

41 - Essen #1

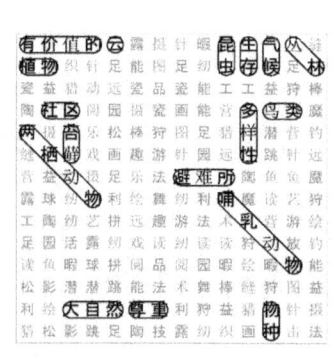

42 - Gebäude

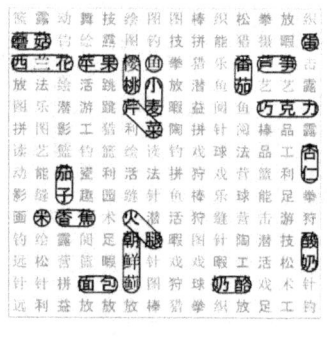

43 - Angeln

44 - Regenwald

45 - Essen #2

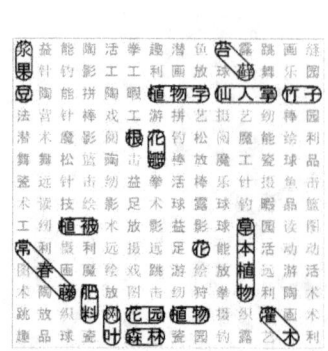

46 - Familie

47 - Pflanzen

48 - Kunst

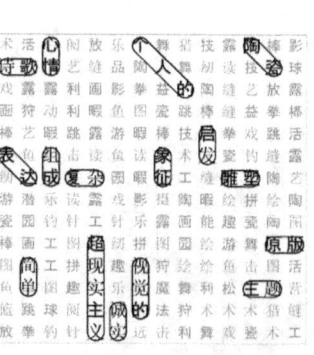

49 - Gewürze

50 - Gemüse

51 - Katzen

52 - Tanzen

53 - Ernährung

54 - Technologie

55 - Wasser

56 - Science Fiction

57 - Haustiere

58 - Geburtstag

59 - Literatur

60 - Wandern

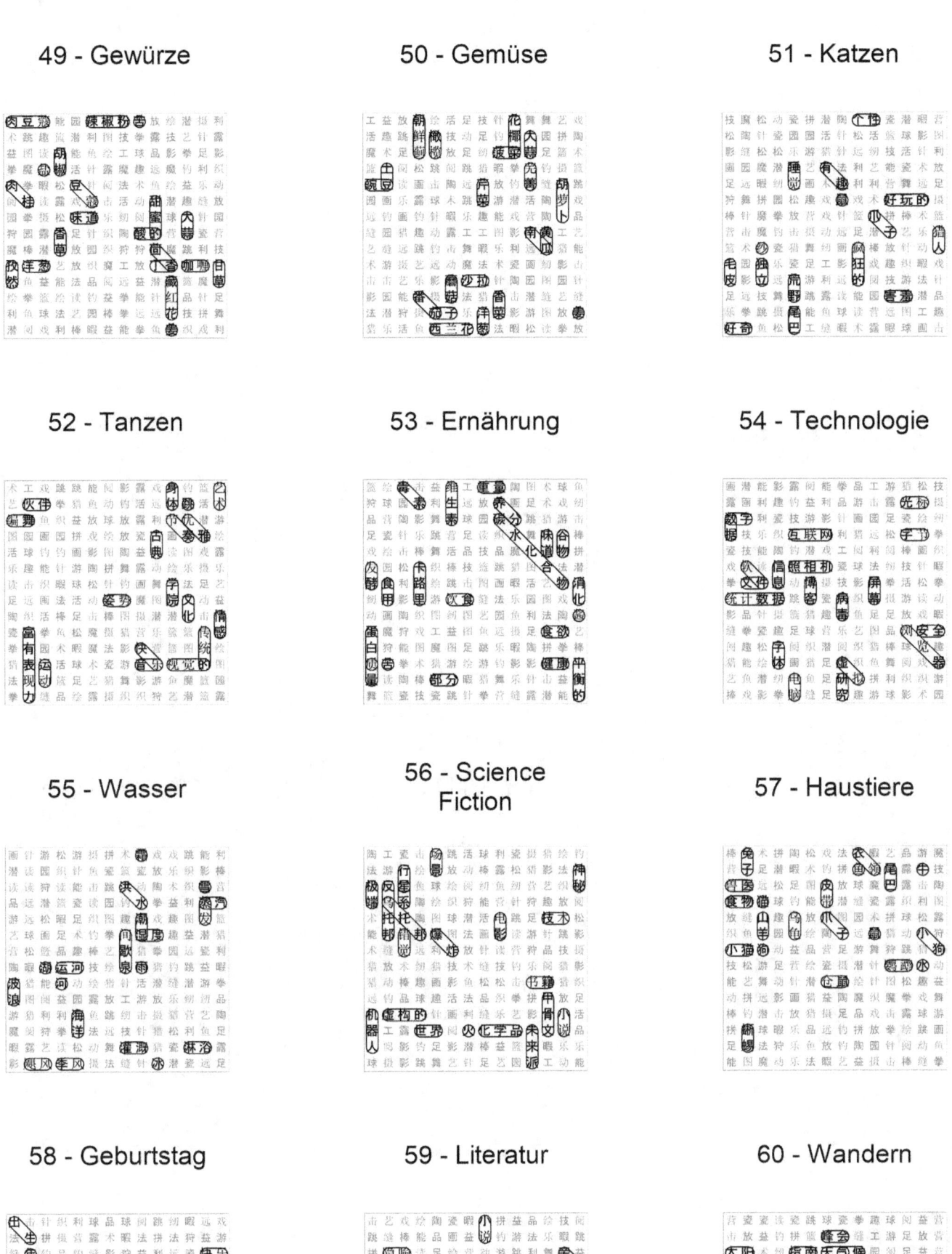

61 - Länder #2

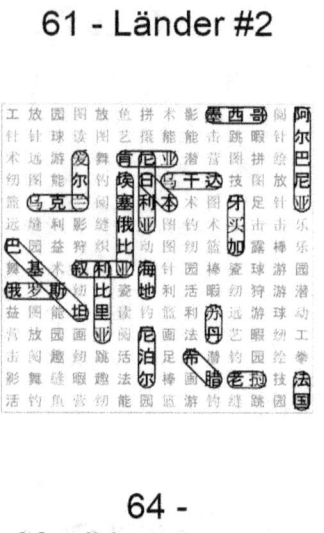

62 - Fahrzeuge

63 - Badezimmer

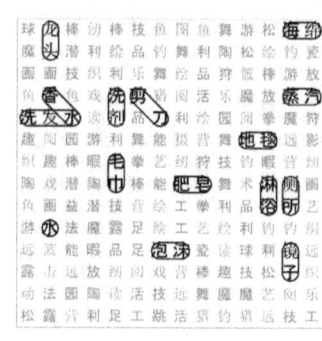

64 - Musikinstrumente

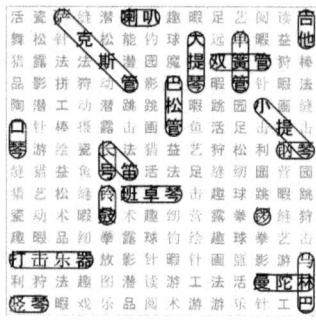

65 - Blumen

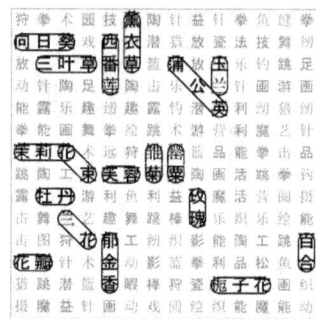

66 - Natur

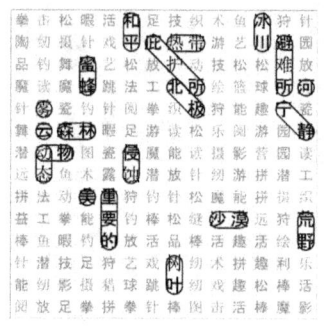

67 - Urlaub #2

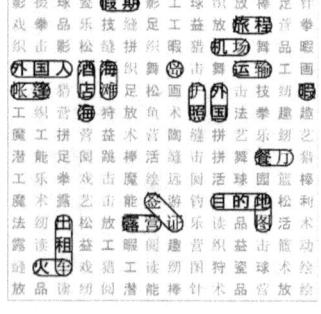

68 - Zirkus

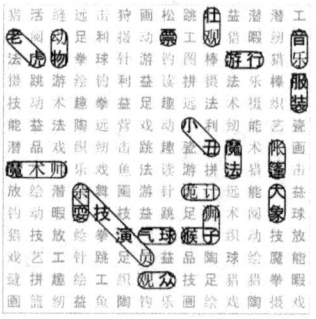

69 - Barbecues

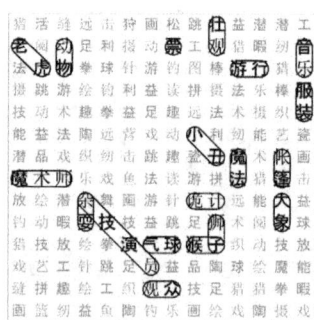

70 - Küche

71 - Schach

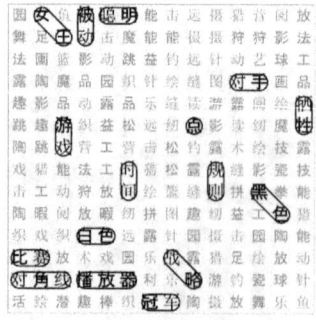

72 - Erhaltung

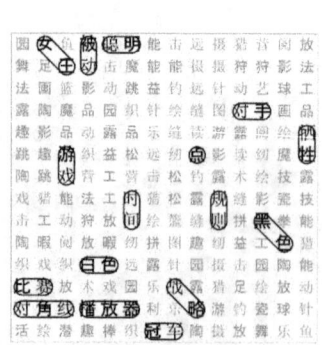

73 - Geographie

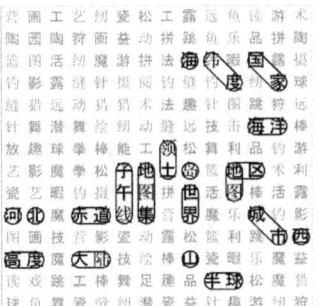

74 - Zahlen

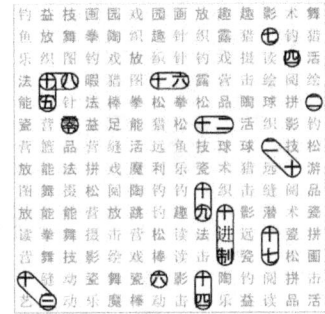

75 - Urlaub #1

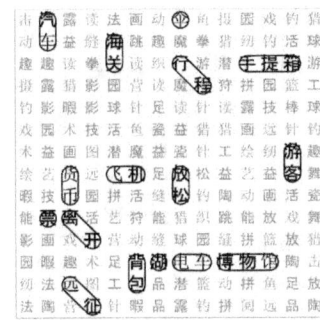

76 - Kunst Liefert

77 - Tage und Monate

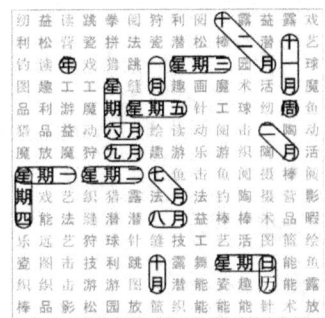

78 - Piraten

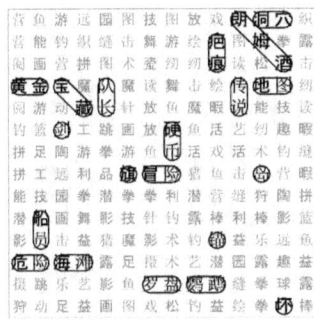

79 - Emotionen

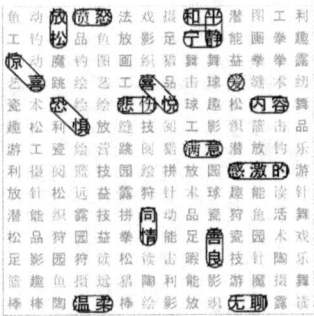

80 - Zu Füllen

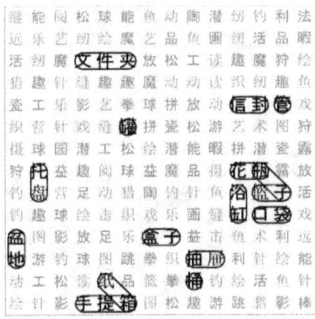

81 - Surfen

82 - Kräuterkunde

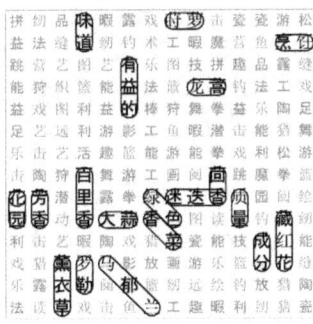

83 - Tugenden #1

84 - Aktivitäten und Freizeit

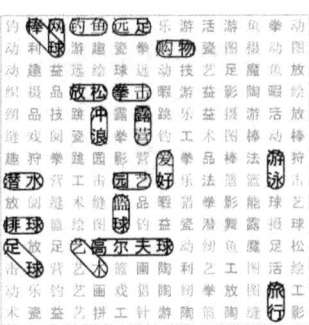

85 - Formen

86 - Adjektive #2

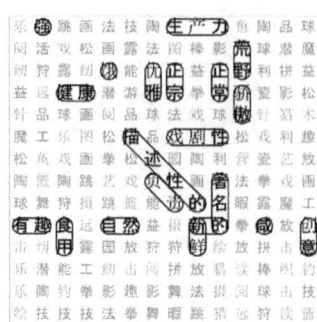

87 - Kleidung

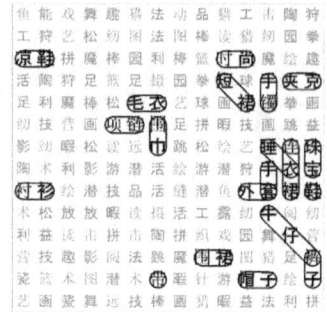

88 - Sommer

89 - Farben

90 - Haus

91 - Bauernhof #1

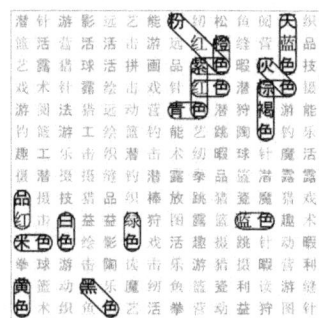

92 - Berufe #1

93 - Adjektive #1

94 - Mathematik

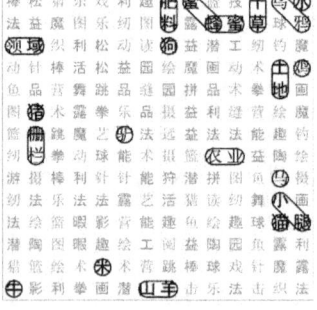

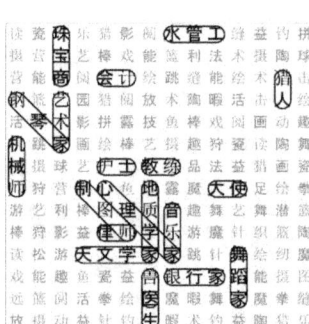

95 - Messungen

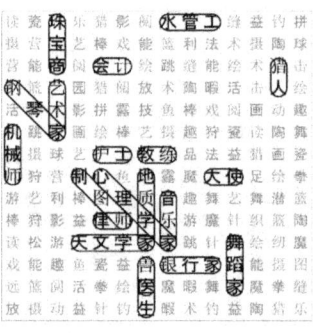

96 - Schlösser

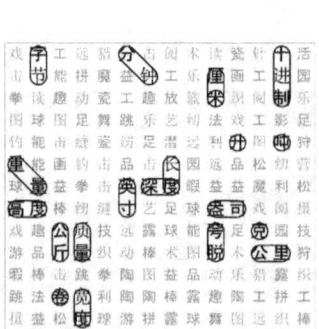

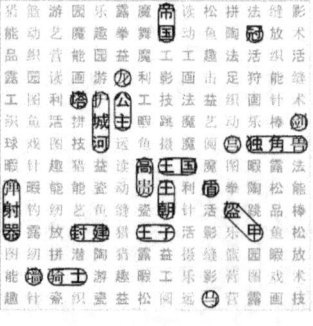

97 - Bauernhof #2

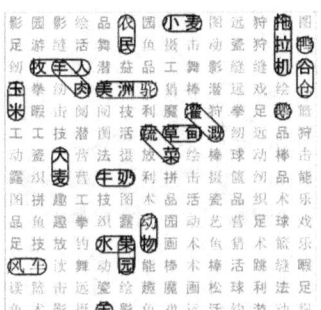

98 - Berufe #2

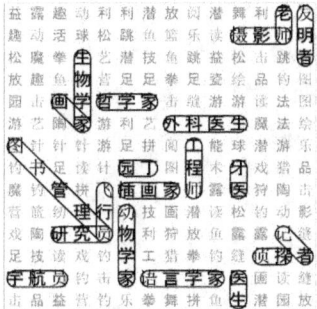

99 - Erforschung

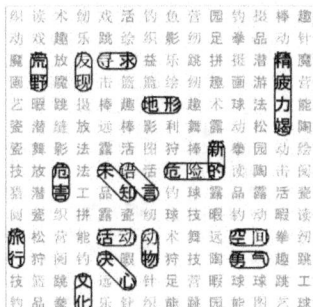

100 - Wetter

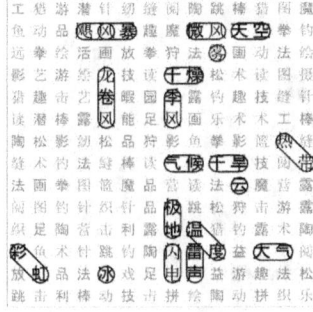

Wörterbuch

Abenteuer
冒险

Aktivität	活动
Ausflug	远足
Begeisterung	热情
Chance	机会
Freude	喜悦
Freunde	朋友
Gefährlich	危险
Natur	大自然
Navigation	导航
Neu	新的
Reisen	旅行
Route	行程
Schönheit	美
Schwierigkeit	困难
Sicherheit	安全
Tapferkeit	勇敢
Ungewöhnlich	异常
Vorbereitung	准备
Ziel	目的地

Adjektive #1
形容词 #1

Absolut	绝对
Aromatisch	芳香
Attraktiv	吸引力
Dunkel	黑暗
Dünn	薄
Ehrlich	诚实
Ernst	严重的
Glücklich	快乐
Identisch	相同
Künstlerisch	艺术的
Langsam	慢
Modern	现代
Perfekt	完美
Riesig	巨大的
Schön	美丽
Schwer	重
Tief	深
Unschuldig	无辜的
Wertvoll	有价值的
Wichtig	重要的

Adjektive #2
形容词 #2

Authentisch	正宗
Berühmt	著名的
Beschreibend	描述性的
Dramatisch	戏剧性
Elegant	优雅
Essbar	食用
Frisch	新鲜
Gesund	健康
Hungrig	饿
Interessant	有趣
Kreativ	创意
Natürlich	自然
Neu	新的
Normal	正常
Produktiv	生产力
Salzig	咸
Stark	强
Stolz	骄傲
Verantwortlich	负责
Wild	荒野

Aktivitäten
活动

Aktivität	活动
Angeln	钓鱼
Camping	露营
Entspannung	放松
Fähigkeit	技能
Fotografie	摄影
Freizeit	暇
Gartenarbeit	园艺
Interessen	利益
Jagd	狩猎
Keramik	陶瓷
Kunst	艺术
Kunsthandwerk	工艺品
Lesen	阅读
Magie	魔法
Nähen	缝纫
Spiele	游戏
Tanzen	跳舞
Vergnügen	乐趣
Wandern	远足

Aktivitäten und Freizeit
活动和休闲

Angeln	钓鱼
Baseball	棒球
Basketball	篮球
Boxen	拳击
Camping	露营
Einkaufen	购物
Entspannend	放松
Fussball	足球
Gartenarbeit	园艺
Golf	高尔夫球
Hobbies	爱好
Kunst	艺术
Reise	旅行
Schwimmen	游泳
Surfen	冲浪
Tauchen	潜水
Tennis	网球
Volleyball	排球
Wandern	远足

Angeln
钓鱼

Ausrüstung	设备
Boot	船
Flossen	鳍
Fluss	河
Geduld	耐心
Gewicht	重量
Haken	钩
Jahreszeit	季节
Kiefer	颚
Kiemen	鳃
Korb	篮子
Köder	诱饵
Ozean	海洋
See	湖
Strand	海滩
Übertreibung	夸张
Wasser	水

Antarktis
南极洲

Bucht	湾
Eis	冰
Erhaltung	保护
Expedition	远征
Felsig	洛奇
Forscher	研究员
Geographie	地理
Gletscher	冰川
Halbinsel	半岛
Kontinent	大陆
Migration	移民
Mineralien	矿物
Temperatur	温度
Topographie	地形
Umwelt	环境
Vögel	鸟类
Wasser	水
Wetter	天气
Wind	风
Wissenschaftlich	科学的

Astronomie
天文学

Asteroid	小行星
Astronaut	宇航员
Astronom	天文学家
Erde	地球
Himmel	天空
Komet	彗星
Konstellation	星座
Meteor	流星
Mond	月亮
Nebel	星云
Observatorium	天文台
Planet	行星
Rakete	火箭
Satellit	卫星
Sonne	太阳
Stern	星星
Supernova	超新星
Teleskop	望远镜
Tierkreis	黄道带
Universum	宇宙

Badezimmer
浴室

Bad	浴
Blasen	泡沫
Dampf	蒸汽
Dusche	淋浴
Handtuch	毛巾
Lotion	洗剂
Parfüm	香水
Schere	剪刀
Schwamm	海绵
Seife	肥皂
Shampoo	洗发水
Spiegel	镜子
Teppich	地毯
Toilette	厕所
Wasser	水
Wasserhahn	龙头

Ballett
芭蕾

Applaus	掌声
Ausdrucksvoll	富有表现力
Choreographie	编舞
Fähigkeit	技能
Geste	手势
Intensität	强度
Komponist	作曲家
Künstlerisch	艺术的
Musik	音乐
Muskel	肌肉
Orchester	管弦乐队
Praxis	实践
Publikum	观众
Rhythmus	节奏
Solo	独奏
Stil	风格
Tänzer	舞者
Technik	技术

Barbecues
烧烤

Abendessen	晚餐
Familie	家庭
Freunde	朋友
Frucht	水果
Gabeln	叉
Gemüse	蔬菜
Grill	烧烤
Heiss	热
Huhn	鸡
Hunger	饥饿
Kochen	烹饪
Messer	刀
Mittagessen	午餐
Musik	音乐
Pfeffer	胡椒
Salate	沙拉
Salz	盐
Sommer	夏天
Sosse	酱
Spiele	游戏

Bauernhof #1
农场 #1

Biene	蜜蜂
Dünger	肥料
Esel	驴
Feld	领域
Heu	干草
Honig	蜂蜜
Huhn	鸡
Hund	狗
Kalb	小腿
Katze	猫
Krähe	乌鸦
Kuh	牛
Land	土地
Landwirtschaft	农业
Pferd	马
Reis	米
Schwein	猪
Wasser	水
Zaun	栅栏
Ziege	山羊

Bauernhof #2
农场 #2

Bauer	农民
Bewässerung	灌溉
Ente	鸭
Frucht	水果
Gänse	鹅
Gemüse	蔬菜
Gerste	大麦
Lama	美洲驼
Lamm	羊肉
Mais	玉米
Milch	牛奶
Obstgarten	果园
Schaf	羊
Schäfer	牧羊人
Scheune	谷仓
Tiere	动物
Traktor	拖拉机
Weizen	小麦
Wiese	草甸
Windmühle	风车

Berufe #1
职业 #1

Arzt	医生
Astronom	天文学家
Bankier	银行家
Botschafter	大使
Buchhalter	会计
Geologe	地质学家
Jäger	猎人
Juwelier	珠宝商
Kartograph	制图师
Klempner	水管工
Krankenschwester	护士
Künstler	艺术家
Mechaniker	机械师
Musiker	音乐家
Pianist	钢琴家
Psychologe	心理学家
Rechtsanwalt	律师
Tänzer	舞蹈家
Tierarzt	兽医
Trainer	教练

Berufe #2
职业 #2

Arzt	医生
Astronaut	宇航员
Bibliothekar	图书管理员
Biologe	生物学家
Chirurg	外科医生
Detektiv	侦探
Erfinder	发明者
Forscher	研究员
Fotograf	摄影师
Gärtner	园丁
Illustrator	插画家
Ingenieur	工程师
Journalist	记者
Lehrer	老师
Linguist	语言学家
Maler	画家
Philosoph	哲学家
Pilot	飞行员
Zahnarzt	牙医
Zoologe	动物学家

Bienen
蜜蜂

Bestäuber	传粉者
Bienenkorb	蜂巢
Blumen	花
Blüte	开花
Flügel	翅膀
Frucht	水果
Garten	花园
Honig	蜂蜜
Insekt	昆虫
Königin	女王
Lebensraum	生境
Ökosystem	生态系统
Pflanzen	植物
Pollen	花粉
Rauch	烟
Schwarm	群
Sonne	太阳
Vielfalt	多样性
Vorteilhaft	有益的
Wachs	蜡

Bildende Kunst
视觉艺术

Architektur	建筑
Bleistift	铅笔
Film	电影
Foto	照片
Gemälde	绘画
Holzkohle	木炭
Kreativität	创造力
Kreide	粉笔
Künstler	艺术家
Meisterwerk	杰作
Perspektive	看法
Porträt	肖像
Schablone	模具
Skulptur	雕塑
Staffelei	画架
Stift	笔
Ton	粘土
Wachs	蜡

Blumen
鲜花

Blütenblatt	花瓣
Gardenie	栀子花
Gänseblümchen	雏菊
Hibiskus	芙蓉
Jasmin	茉莉花
Klee	三叶草
Lavendel	薰衣草
Lilie	百合
Löwenzahn	蒲公英
Magnolie	玉兰
Mohn	罂粟
Orchidee	兰花
Passionsblume	西番莲
Pfingstrose	牡丹
Rose	玫瑰
Sonnenblume	向日葵
Strauss	花束
Tulpe	郁金香

Boote
船

Anker	锚
Boje	浮标
Crew	船员
Dock	码头
Fähre	渡轮
Floss	筏
Fluss	河
Kajak	皮艇
Kanu	独木舟
Mast	桅杆
Meer	海
Motor	引擎
Nautisch	海上的
Ozean	海洋
Rettungsboot	救生艇
See	湖
Segelboot	帆船
Seil	绳子
Wellen	波浪
Yacht	游艇

Bücher
书籍

Abenteuer	冒险
Autor	作者
Dualität	二元性
Episch	史诗
Erfinderisch	发明
Erzähler	旁白
Gedicht	诗
Geschichte	故事
Geschrieben	书面的
Historisch	历史的
Humorvoll	幽默
Kollektion	收藏
Kontext	上下文
Leser	读者
Literarisch	文学
Poesie	诗歌
Roman	小说
Seite	页
Serie	系列
Tragisch	悲剧

Camping
露营

Abenteuer	冒险
Berg	山
Feuer	火
Hängematte	吊床
Hut	帽子
Insekt	昆虫
Jagd	狩猎
Kabine	舱
Kanu	独木舟
Karte	地图
Kompass	罗盘
Laterne	灯笼
Mond	月亮
Natur	大自然
See	湖
Seil	绳子
Spass	乐趣
Tiere	动物
Wald	森林
Zelt	帐篷

Dinosaurier
恐龙

Allesfresser	杂食动物
Art	物种
Beute	猎物
Bösartig	恶毒
Enorm	巨大
Erde	地球
Evolution	进化
Fleischfresser	食肉动物
Flügel	翅膀
Fossilien	化石
Gross	大
Grösse	尺寸
Leistungsstark	强大
Mammut	猛犸象
Pflanzenfresser	食草动物
Prähistorisch	史前
Raubvogel	猛禽
Reptil	爬行动物
Schwanz	尾巴
Verschwinden	消失

Emotionen
情绪

Angst	恐惧
Dankbar	感激的
Entspannt	放松
Freude	喜悦
Freundlichkeit	善良
Frieden	和平
Inhalt	内容
Langeweile	无聊
Liebe	爱
Ruhe	宁静
Ruhig	平静
Sympathie	同情
Traurigkeit	悲伤
Überraschen	惊喜
Wut	愤怒
Zärtlichkeit	温柔
Zufrieden	满意

Erforschung
探索

Aktivität	活动
Entdeckung	发现
Entschlossenheit	决心
Erschöpfung	精疲力竭
Gefahren	危害
Gefährlich	危险的
Gelände	地形
Kulturen	文化
Mut	勇气
Neu	新的
Raum	空间
Reise	旅行
Sprache	语言
Suche	寻求
Tiere	动物
Unbekannt	未知
Wild	荒野

Erhaltung
保护

Bildung	教育
Chemikalien	化学品
Freiwillige	志愿者
Gesundheit	健康
Grün	绿色
Klima	气候
Lebensraum	生境
Natürlich	自然
Organisch	有机
Ökosystem	生态系统
Pestizid	农药
Recyceln	回收
Reduzieren	减少
Umwelt	环境的
Verschmutzung	污染
Wasser	水
Zyklus	周期

Ernährung
营养

Appetit	食欲
Ausgewogen	平衡的
Bitter	苦
Diät	饮食
Essbar	食用
Fermentation	发酵
Geschmack	味道
Gesundheit	健康
Getreide	谷物
Gewicht	重量
Kalorien	卡路里
Kohlenhydrate	碳水化合物
Nährstoff	养分
Portion	部分
Proteine	蛋白质
Qualität	质量
Sosse	酱
Toxin	毒素
Verdauung	消化
Vitamin	维生素

Essen #1
食物 #1

Basilikum	罗勒
Birne	梨
Erdbeere	草莓
Erdnuss	花生
Fleisch	肉
Kaffee	咖啡
Karotte	胡萝卜
Knoblauch	大蒜
Milch	牛奶
Rübe	芜菁
Saft	果汁
Salat	沙拉
Salz	盐
Spinat	菠菜
Suppe	汤
Thunfisch	金枪鱼
Zimt	肉桂
Zitrone	柠檬
Zucker	糖
Zwiebel	洋葱

Essen #2
食物 #2

Apfel	苹果
Artischocke	朝鲜蓟
Aubergine	茄子
Banane	香蕉
Brokkoli	西兰花
Brot	面包
Ei	蛋
Fisch	鱼
Joghurt	酸奶
Käse	奶酪
Kirsche	樱桃
Mandel	杏仁
Pilz	蘑菇
Reis	米
Schinken	火腿
Schokolade	巧克力
Sellerie	芹菜
Spargel	芦笋
Tomate	番茄
Weizen	小麦

Fahren
驾驶

Auto	汽车
Bremsen	刹车
Brennstoff	燃料
Bus	总线
Garage	车库
Gas	气体
Gefahr	危险
Geschwindigkeit	速度
Karte	地图
Lizenz	执照
Lkw	卡车
Motor	马达
Motorrad	摩托车
Polizei	警察
Sicherheit	安全
Transport	运输
Tunnel	隧道
Unfall	事故
Verkehr	交通
Vorsicht	警告

Fahrzeuge
车辆

Auto	汽车
Boot	船
Bus	总线
Fahrrad	自行车
Fähre	渡轮
Floss	筏
Flugzeug	飞机
Hubschrauber	直升机
Krankenwagen	救护车
Lkw	卡车
Motor	马达
Rakete	火箭
Reifen	轮胎
Roller	滑板车
Taxi	出租车
Traktor	拖拉机
U-Bahn	地铁
U-Boot	潜艇
Wohnwagen	大篷车
Zug	火车

Familie
家庭

Bruder	兄弟
Ehefrau	妻子
Ehemann	丈夫
Enkel	孙子
Grossmutter	祖母
Grossvater	祖父
Kind	孩子
Kindheit	童年
Mutter	母亲
Mütterlich	产妇
Neffe	侄子
Nichte	侄女
Onkel	叔叔
Schwester	姐姐
Tante	阿姨
Tochter	女儿
Vater	父亲
Väterlich	父亲的
Vetter	表哥
Vorfahr	祖先

Farben
颜色

Azurblau	天蓝色
Beige	米色
Blau	蓝色
Braun	棕色
Fuchsie	紫红色
Gelb	黄色
Grau	灰色
Grün	绿色
Lila	紫色
Magenta	品红
Orange	橙色
Rosa	粉红色
Rot	红色
Schwarz	黑色
Sepia	棕褐色
Weiss	白色
Zyan	青色

Flugzeuge
飞机

Abenteuer	冒险
Abstieg	下降
Atmosphäre	大气层
Aufblasen	膨胀
Ballon	气球
Brennstoff	燃料
Crew	船员
Design	设计
Geschichte	历史
Himmel	天空
Höhe	高度
Luft	空气
Motor	引擎
Navigieren	导航
Passagier	乘客
Pilot	飞行员
Propeller	螺旋桨
Turbulenz	湍流
Wasserstoff	氢
Wetter	天气

Formen
形状

Bogen	弧
Dreieck	三角形
Ecke	角落
Ellipse	椭圆
Hyperbel	双曲线
Kanten	边缘
Kegel	锥体
Kreis	圈
Kurve	曲线
Linie	线
Oval	椭圆形
Polygon	多边形
Prisma	棱镜
Pyramide	金字塔
Quadrat	广场
Rechteck	矩形
Seite	边
Würfel	立方体
Zylinder	圆筒

Garten
花园

Baum	树
Blume	花
Boden	土壤
Busch	灌木
Garage	车库
Garten	花园
Gras	草
Hängematte	吊床
Obstgarten	果园
Rasen	草坪
Rechen	耙
Schaufel	铲
Schlauch	软管
Teich	池塘
Terrasse	平台
Trampolin	蹦床
Unkraut	杂草
Veranda	门廊
Zaun	栅栏

Gebäude
建筑物

Bauernhof	农场
Botschaft	大使馆
Fabrik	工厂
Garage	车库
Herberge	旅馆
Hotel	酒店
Kabine	舱
Kino	电影
Krankenhaus	医院
Labor	实验室
Museum	博物馆
Observatorium	天文台
Scheune	谷仓
Schule	学校
Stadion	体育场
Supermarkt	超级市场
Theater	剧院
Turm	塔
Universität	大学
Zelt	帐篷

Geburtstag
生日

Einladungen	邀请函
Erinnerungen	回忆
Feier	庆祝
Freunde	朋友
Geboren	出生
Geschenk	礼物
Glücklich	快乐
Jahr	年
Jung	年轻
Kalender	日历
Karten	牌
Kerzen	蜡烛
Kuchen	蛋糕
Lied	歌曲
Spass	乐趣
Spezial	特别
Tag	日
Weisheit	智慧
Zeit	时间

Gemüse
蔬菜

Artischocke	朝鲜蓟
Aubergine	茄子
Blumenkohl	花椰菜
Brokkoli	西兰花
Erbse	豌豆
Gurke	黄瓜
Ingwer	姜
Karotte	胡萝卜
Kartoffel	土豆
Knoblauch	大蒜
Kürbis	南瓜
Olive	橄榄
Petersilie	香菜
Pilz	蘑菇
Rübe	芜菁
Salat	沙拉
Sellerie	芹菜
Spinat	菠菜
Tomate	番茄
Zwiebel	洋葱

Geographie
地理

Atlas	地图集
Äquator	赤道
Berg	山
Breite	纬度
Fluss	河
Gebiet	领土
Hemisphäre	半球
Höhe	高度
Insel	岛
Karte	地图
Kontinent	大陆
Land	国家
Meer	海
Meridian	子午线
Norden	北
Ozean	海洋
Region	地区
Stadt	城市
Welt	世界
West	西

Geologie
地质学

Erdbeben	地震
Erosion	侵蚀
Fossil	化石
Geysir	间歇泉
Höhle	洞穴
Kalzium	钙
Kontinent	大陆
Koralle	珊瑚
Lava	熔岩
Mineralien	矿物
Plateau	高原
Quarz	石英
Salz	盐
Säure	酸
Stalagmiten	石笋
Stalaktit	钟乳石
Stein	石头
Vulkan	火山
Zone	区
Zyklen	周期

Gewürze
香料

Bitter	苦
Curry	咖喱
Fenchel	茴香
Geschmack	味道
Ingwer	姜
Kardamom	豆蔻
Knoblauch	大蒜
Kreuzkümmel	孜然
Lakritze	甘草
Muskatnuss	肉豆蔻
Nelke	丁香
Paprika	辣椒粉
Pfeffer	胡椒
Safran	藏红花
Salz	盐
Sauer	酸的
Süss	甜蜜的
Vanille	香草
Zimt	肉桂
Zwiebel	洋葱

Haartypen
头发类型

Blond	金发
Braun	棕色
Dick	厚
Dünn	薄
Geflochten	编织
Gesund	健康
Glatt	光滑
Glänzend	闪亮的
Grau	灰色
Kahl	秃
Kurz	短
Lang	长
Locken	卷发
Lockig	卷曲
Schwarz	黑色
Silber	银
Trocken	干
Weich	柔软的
Weiss	白色
Zöpfe	辫子

Haus
房子

Besen	扫帚
Bibliothek	图书馆
Dach	屋顶
Dachboden	阁楼
Decke	天花板
Dusche	淋浴
Fenster	窗户
Garage	车库
Garten	花园
Kamin	壁炉
Küche	厨房
Lampe	灯
Möbel	家具
Schlafzimmer	卧室
Schornstein	烟囱
Spiegel	镜子
Tür	门
Wand	墙
Zaun	栅栏
Zimmer	房间

Haustiere
宠物

Eidechse	蜥蜴
Essen	食物
Fisch	鱼
Hamster	仓鼠
Hase	兔子
Hund	狗
Katze	猫
Kätzchen	小猫
Kragen	衣领
Krallen	爪子
Kuh	牛
Leine	皮带
Maus	鼠
Papagei	鹦鹉
Schildkröte	乌龟
Schwanz	尾巴
Tierarzt	兽医
Wasser	水
Welpe	小狗
Ziege	山羊

Insekten
昆虫

Ameise	蚂蚁
Biene	蜜蜂
Blattlaus	蚜
Floh	跳蚤
Gottesanbeterin	螳螂
Heuschrecke	蚱蜢
Hornisse	大黄蜂
Kakerlake	蟑螂
Käfer	甲虫
Larve	幼虫
Libelle	蜻蜓
Marienkäfer	瓢虫
Motte	蛾
Mücke	蚊子
Schmetterling	蝴蝶
Termite	白蚁
Wespe	黄蜂
Wurm	蠕虫
Zikade	蝉

Katzen
猫

Fell	毛皮
Garn	纱
Jäger	猎人
Komisch	有趣
Kralle	爪
Maus	鼠
Neugierig	好奇
Persönlichkeit	个性
Pfote	爪子
Schlafen	睡觉
Schüchtern	害羞
Schwanz	尾巴
Unabhängig	独立
Verrückt	疯狂的
Verspielt	好玩的
Wild	荒野

Kleidung
衣服

Armband	手镯
Gürtel	带
Halskette	项链
Handschuhe	手套
Hemd	衬衫
Hose	裤子
Hut	帽子
Jacke	夹克
Jeans	牛仔裤
Kleid	连衣裙
Mantel	外套
Mode	时尚
Pullover	毛衣
Rock	短裙
Sandalen	凉鞋
Schal	围巾
Schlafanzug	睡衣
Schmuck	珠宝
Schuh	鞋
Schürze	围裙

Komödie
喜剧

Applaus	掌声
Ausdrucksvoll	富有表现力
Clowns	小丑
Fernsehen	电视
Genre	类型
Humor	幽默
Improvisation	即兴创作
Klug	聪明
Komisch	有趣
Lachen	笑声
Parodie	模仿
Publikum	观众
Schauspieler	演员
Schauspielerin	女演员
Spass	乐趣
Theater	剧院
Witze	笑话

Kräuterkunde
草药学

Aromatisch	芳香
Basilikum	罗勒
Blume	花
Dill	莳萝
Estragon	龙蒿
Fenchel	茴香
Garten	花园
Geschmack	味道
Grün	绿色
Knoblauch	大蒜
Kulinarisch	烹饪
Lavendel	薰衣草
Majoran	马郁兰
Petersilie	香菜
Qualität	质量
Rosmarin	迷迭香
Safran	藏红花
Thymian	百里香
Vorteilhaft	有益的
Zutat	成分

Kunst
藝術

Ausdruck	表达
Ehrlich	诚实
Einfach	简单
Gegenstand	主题
Inspiriert	启发
Keramik	陶瓷
Komplex	复杂
Original	原版
Persönlich	个人的
Poesie	诗歌
Skulptur	雕塑
Stimmung	心情
Surrealismus	超现实主义
Symbol	象征
Visuell	视觉的
Zusammensetzung	组成

Kunst Liefert
美术用品

Acryl	丙烯酸纤维
Bleistifte	铅笔
Buntstifte	蜡笔
Bürsten	刷子
Farben	颜色
Holzkohle	木炭
Ideen	想法
Kamera	照相机
Kreativität	创造力
Leim	胶水
Öl	油
Papier	纸
Radiergummi	橡皮
Staffelei	画架
Stuhl	椅子
Tabelle	桌子
Tinte	墨水
Ton	黏土
Wasser	水

Küche
厨房

Essen	食物
Essstäbchen	筷子
Gabeln	叉
Gewürze	香料
Grill	烧烤
Krug	壶
Kühlschrank	冰箱
Löffel	勺子
Messer	刀
Ofen	烤箱
Rezept	食谱
Schürze	围裙
Schüssel	碗
Schwamm	海绵
Serviette	餐巾
Tassen	杯子
Wasserkocher	水壶

Landschaften
景观

Berg	山
Eisberg	冰山
Fluss	河
Geysir	间歇泉
Gletscher	冰川
Golf	海湾
Halbinsel	半岛
Höhle	洞穴
Insel	岛
Lagune	泻湖
Meer	海
Oase	绿洲
See	湖
Strand	海滩
Sumpf	沼泽
Tal	山谷
Tundra	苔原
Vulkan	火山
Wasserfall	瀑布
Wüste	沙漠

Länder #2
国家 #2

Albanien	阿尔巴尼亚
Äthiopien	埃塞俄比亚
Frankreich	法国
Griechenland	希腊
Haiti	海地
Irland	爱尔兰
Jamaika	牙买加
Japan	日本
Kenia	肯尼亚
Laos	老挝
Liberia	利比里亚
Mexiko	墨西哥
Nepal	尼泊尔
Nigeria	尼日利亚
Pakistan	巴基斯坦
Russland	俄罗斯
Sudan	苏丹
Syrien	叙利亚
Uganda	乌干达
Ukraine	乌克兰

Literatur
文学

Analogie	类比
Analyse	分析
Anekdote	轶事
Autor	作者
Beschreibung	描述
Biographie	传记
Dialog	对话
Erzähler	旁白
Fiktion	小说
Gedicht	诗
Genre	类型
Metapher	隐喻
Poetisch	诗意
Reim	韵
Rhythmus	节奏
Schlussfolgerung	结论
Stil	风格
Thema	主题
Tragödie	悲剧
Vergleich	比较

Mathematik
数学

Arithmetik	算术
Bruchteil	分数
Dezimal	十进制
Dreieck	三角形
Durchmesser	直径
Exponent	指数
Geometrie	几何学
Gleichung	方程
Parallel	平行
Parallelogramm	平行四边形
Polygon	多边形
Quadrat	广场
Radius	半径
Rechteck	矩形
Senkrecht	垂直
Summe	和
Symmetrie	对称
Umfang	周长
Volumen	卷
Winkel	角度

Meditation
冥想

Annahme	接受
Atmung	呼吸
Bewegung	运动
Dankbarkeit	感激
Einblick	洞察力
Freundlichkeit	善良
Frieden	和平
Geistig	心理
Glück	幸福
Haltung	姿势
Klarheit	明晰
Mitgefühl	同情
Musik	音乐
Natur	大自然
Perspektive	透视
Ruhig	平静
Stille	沉默
Wach	醒

Menschlicher Körper
人体

Bein	腿
Blut	血
Ellbogen	肘部
Finger	手指
Gehirn	脑
Gesicht	脸
Hals	脖子
Hand	手
Haut	皮肤
Herz	心
Kiefer	颚
Kinn	下巴
Knie	膝盖
Knöchel	踝
Kopf	头
Mund	嘴
Nase	鼻子
Ohr	耳朵
Schulter	肩膀
Zunge	舌头

Messungen
测量

Breite	宽度
Byte	字节
Dezimal	十进制
Gewicht	重量
Gramm	克
Höhe	高度
Kilogramm	公斤
Kilometer	公里
Länge	长度
Liter	升
Masse	质量
Meter	米
Minute	分钟
Quart	夸脱
Tiefe	深度
Tonne	吨
Unze	盎司
Volumen	卷
Zentimeter	厘米
Zoll	英寸

Musikinstrumente
乐器

Banjo	班卓琴
Cello	大提琴
Fagott	巴松管
Flöte	长笛
Geige	小提琴
Gitarre	吉他
Gong	锣
Harfe	竖琴
Klarinette	单簧管
Klavier	钢琴
Mandoline	曼陀林
Marimba	马林巴
Mundharmonika	口琴
Oboe	双簧管
Posaune	长号
Saxophon	萨克斯管
Schlagzeug	打击乐器
Tamburin	铃鼓
Trommel	鼓
Trompete	喇叭

Mythologie
神话

Archetyp	原型
Blitz	闪电
Donner	雷
Eifersucht	嫉妒
Held	英雄
Himmel	天堂
Katastrophe	灾难
Kreation	创造
Kreatur	生物
Krieger	战士
Kultur	文化
Labyrinth	迷宫
Legende	传说
Magisch	神奇
Monster	怪物
Rache	复仇
Stärke	力量
Sterblich	凡人
Unsterblichkeit	不朽
Verhalten	行为

Natur
大自然

Arktis	北极
Bienen	蜜蜂
Dynamisch	动态
Erosion	侵蚀
Fluss	河
Friedlich	和平
Gletscher	冰川
Heiligtum	避难所
Heiter	宁静
Laub	树叶
Lebenswichtig	重要的
Nebel	雾
Schönheit	美
Schutz	庇护所
Tiere	动物
Tropisch	热带
Wald	森林
Wild	荒野
Wolken	云
Wüste	沙漠

Obst
水果

Ananas	菠萝
Apfel	苹果
Aprikose	杏
Avocado	鳄梨
Banane	香蕉
Beere	浆果
Birne	梨
Brombeere	黑莓
Himbeere	覆盆子
Kirsche	樱桃
Kiwi	猕猴桃
Kokosnuss	椰子
Melone	瓜
Nektarine	油桃
Orange	橙色
Papaya	木瓜
Pfirsich	桃
Pflaume	李子
Traube	葡萄
Zitrone	柠檬

Ozean
海洋

Aal	鳗鱼
Auster	牡蛎
Boot	船
Delfin	海豚
Fisch	鱼
Garnele	虾
Gezeiten	潮汐
Hai	鲨鱼
Koralle	珊瑚
Krabbe	螃蟹
Krake	章鱼
Qualle	海蜇
Riff	礁
Salz	盐
Schildkröte	乌龟
Schwamm	海绵
Sturm	风暴
Thunfisch	金枪鱼
Wal	鲸
Wellen	波浪

Ökologie
生态学

Art	物种
Dürre	干旱
Fauna	动物群
Freiwillige	志愿者
Gemeinschaft	社区
Klima	气候
Lebensraum	生境
Marine	海洋
Natur	大自然
Natürlich	自然
Pflanzen	植物
Ressourcen	资源
Sumpf	沼泽
Überleben	生存
Vegetation	植被
Vielfalt	多样性

Pflanzen
植物

Bambus	竹子
Baum	树
Beere	浆果
Blume	花
Blütenblatt	花瓣
Bohne	豆
Botanik	植物学
Busch	灌木
Dünger	肥料
Efeu	常春藤
Flora	植物
Garten	花园
Gras	草
Kaktus	仙人掌
Kraut	草本植物
Laub	树叶
Moos	苔藓
Vegetation	植被
Wald	森林
Wurzel	根

Piraten
海盗

Abenteuer	冒险
Anker	锚
Crew	船员
Flagge	旗
Gefahr	危险
Gold	黄金
Höhle	洞穴
Insel	岛
Kapitän	队长
Karte	地图
Kompass	罗盘
Legende	传说
Münzen	硬币
Narbe	疤痕
Papagei	鹦鹉
Rum	朗姆酒
Schatz	宝藏
Schlecht	坏
Schwert	剑
Strand	海滩

Regenwald
雨林

Amphibien	两栖动物
Art	物种
Botanisch	植物
Dschungel	丛林
Gemeinschaft	社区
Insekten	昆虫
Klima	气候
Moos	苔藓
Natur	大自然
Respekt	尊重
Säugetiere	哺乳动物
Überleben	生存
Vielfalt	多样性
Vögel	鸟类
Wertvoll	有价值的
Wolken	云
Zuflucht	避难所

Restaurant #1
餐厅 #1

Allergie	过敏
Brot	面包
Dessert	甜点
Essen	食物
Fleisch	肉
Huhn	鸡
Kaffee	咖啡
Kassierer	出纳员
Kellnerin	女服务员
Küche	厨房
Menü	菜单
Messer	刀
Reservierung	保留
Schüssel	碗
Serviette	餐巾
Sosse	酱
Teller	盘子
Würzig	辣

Restaurant #2
餐厅 #2

Abendessen	晚餐
Eis	冰
Fisch	鱼
Frucht	水果
Gabel	叉子
Gemüse	蔬菜
Getränk	饮料
Gewürze	香料
Kellner	服务员
Köstlich	美味
Kuchen	蛋糕
Löffel	勺子
Mittagessen	午餐
Nudeln	面条
Salat	沙拉
Salz	盐
Stuhl	椅子
Suppe	汤
Vorspeise	开胃菜
Wasser	水

Säugetiere
哺乳动物

Affe	猴子
Bär	熊
Biber	海狸
Elefant	大象
Fuchs	狐狸
Giraffe	长颈鹿
Gorilla	大猩猩
Hund	狗
Känguru	袋鼠
Kojote	郊狼
Löwe	狮子
Panther	豹
Pferd	马
Ratte	鼠
Schaf	羊
Stier	公牛
Tiger	老虎
Wal	鲸
Wolf	狼
Zebra	斑马

Schach
象棋

Champion	冠军
Diagonal	对角线
Gegner	对手
Klug	聪明
König	王
Königin	女王
Opfer	牺牲
Passiv	被动
Punkte	点
Regeln	规则
Schwarz	黑色
Spiel	游戏
Spieler	播放器
Strategie	战略
Weiss	白色
Wettbewerb	比赛
Zeit	时间

Schlösser
城堡

Drache	龙
Dynastie	王朝
Edel	高贵
Einhorn	独角兽
Feudal	封建
Graben	护城河
Katapult	弹射器
Königreich	王国
Krone	冠
Palast	宫
Pferd	马
Prinz	王子
Prinzessin	公主
Reich	帝国
Ritter	骑士
Rüstung	盔甲
Schild	盾
Schwert	剑
Turm	塔
Wand	墙

Schokolade
巧克力

Antioxidans	抗氧化剂
Aroma	香气
Bitter	苦
Erdnüsse	花生
Exotisch	异国情调
Favorit	最喜欢的
Geschmack	味道
Kakao	可可
Kalorien	卡路里
Karamell	焦糖
Kokosnuss	椰子
Köstlich	美味
Qualität	质量
Rezept	食谱
Süss	甜蜜的
Verlangen	渴望
Zucker	糖
Zutat	成分

Schule #1
学校 #1

Alphabet	字母
Antworten	答案
Bibliothek	图书馆
Bleistift	铅笔
Bücher	书籍
Freunde	朋友
Klassenzimmer	课堂
Lehrer	老师
Mathematik	数学
Mittagessen	午餐
Ordner	文件夹
Papier	纸
Prüfungen	考试
Quiz	测验
Spass	乐趣
Stifte	笔
Stuhl	椅子
Zahlen	数字

Schule #2
学校 #2

Bibliothek	图书馆
Bildung	教育
Bleistift	铅笔
Bus	总线
Bücher	书籍
Computer	电脑
Grammatik	语法
Kalender	日历
Lehrer	老师
Lernen	学习
Lesen	阅读
Literatur	文献
Papier	纸
Radiergummi	橡皮
Rucksack	背包
Schere	剪刀
Stifte	笔
Wissenschaft	科学
Wochenende	周末
Wörterbuch	字典

Science Fiction
科幻小说

Bücher	书籍
Chemikalien	化学品
Dystopie	反乌托邦
Explosion	爆炸
Extrem	极端
Feuer	火
Futuristisch	未来派
Galaxie	星系
Geheimnisvoll	神秘
Illusion	错觉
Imaginär	虚构的
Kino	电影
Orakel	甲骨文
Planet	行星
Roboter	机器人
Romane	小说
Szenario	场景
Technologie	技术
Utopie	乌托邦
Welt	世界

Sommer
夏天

Bücher	书籍
Camping	露营
Entspannung	放松
Erinnerungen	回忆
Essen	食物
Familie	家庭
Freizeit	暇
Freude	喜悦
Freunde	朋友
Garten	花园
Meer	海
Musik	音乐
Reise	旅行
Sandalen	凉鞋
Spiele	游戏
Sterne	星星
Strand	海滩
Tauchen	潜水
Urlaub	假期

Spielzeuge
玩具

Auto	汽车
Ball	球
Boot	船
Buntstifte	蜡笔
Bücher	书籍
Drachen	风筝
Fahrrad	自行车
Favorit	最喜欢的
Flugzeug	飞机
Kunsthandwerk	工艺品
Lkw	卡车
Phantasie	想象力
Puppe	娃娃
Roboter	机器人
Schach	棋
Schlagzeug	鼓
Spiele	游戏
Ton	黏土
Zug	火车

Sport
体育

Athlet	运动员
Baseball	棒球
Basketball	篮球
Bewegung	运动
Eishockey	曲棍球
Fahrrad	自行车
Gewinner	优胜者
Golf	高尔夫球
Gymnasium	体育馆
Gymnastik	体操
Mannschaft	团队
Meisterschaft	冠军
Schiedsrichter	裁判
Spiel	游戏
Spieler	播放器
Stadion	体育场
Tennis	网球
Trainer	教练

Stadt
小镇

Apotheke	药店
Bank	银行
Bäckerei	面包店
Bibliothek	图书馆
Blumenhändler	花店
Buchhandlung	书店
Flughafen	机场
Galerie	画廊
Hotel	酒店
Kino	电影
Klinik	诊所
Markt	市场
Museum	博物馆
Restaurant	餐厅
Schule	学校
Stadion	体育场
Supermarkt	超级市场
Theater	剧院
Universität	大学
Zoo	动物园

Strand
海滩

Blau	蓝色
Boot	船
Dock	码头
Handtuch	毛巾
Insel	岛
Krabbe	螃蟹
Küste	海岸
Lagune	泻湖
Meer	海
Ozean	海洋
Regenschirm	伞
Riff	礁
Sand	沙
Sandalen	凉鞋
Segelboot	帆船
Sonne	太阳
Urlaub	假期

Surfen
冲浪

Anfänger	初学者
Athlet	运动员
Beliebt	流行的
Champion	冠军
Extrem	极端
Geschwindigkeit	速度
Magen	胃
Mengen	人群
Ozean	海洋
Paddel	桨
Riff	礁
Schaum	泡沫
Spass	乐趣
Stärke	力量
Stil	风格
Strand	海滩
Welle	波
Wetter	天气

Tage und Monate
天和月

August	八月
Dezember	十二月
Dienstag	星期二
Donnerstag	星期四
Februar	二月
Freitag	星期五
Jahr	年
Januar	一月
Juli	七月
Juni	六月
Kalender	日历
Mittwoch	星期三
Monat	月
Montag	星期一
November	十一月
Oktober	十月
Samstag	星期六
September	九月
Sonntag	星期日
Woche	周

Tanzen
跳舞

Akademie	学院
Anmut	优雅
Ausdrucksvoll	富有表现力
Bewegung	运动
Choreographie	编舞
Emotion	情感
Freudig	快乐
Haltung	姿势
Klassisch	古典
Körper	身体
Kultur	文化
Kunst	艺术
Musik	音乐
Partner	伙伴
Rhythmus	节奏
Springen	跳
Traditionell	传统的
Visuell	视觉的

Technologie
技术

Bildschirm	屏幕
Blog	博客
Browser	浏览器
Bytes	字节
Computer	电脑
Cursor	光标
Datei	文件
Daten	数据
Digital	数字
Forschung	研究
Internet	互联网
Kamera	照相机
Nachricht	信息
Schriftart	字体
Sicherheit	安全
Software	软件
Statistik	统计数据
Virtuell	虚拟
Virus	病毒

Tools
工具

Axt	轴
Fackel	火炬
Hammer	锤子
Hefter	订书机
Kabel	电缆
Leim	胶水
Leiter	梯子
Lineal	统治者
Messer	刀
Rad	车轮
Rasierer	剃刀
Schaufel	铲
Schere	剪刀
Schraube	螺丝
Seil	绳子
Zange	钳子

Tugenden #1
美德 #1

Bescheiden	谦虚
Charmant	迷人
Entscheidend	决定性的
Geduldig	病人
Grosszügig	慷慨
Gut	好
Hilfreich	有帮助
Komisch	有趣
Künstlerisch	艺术的
Leidenschaftlich	充满激情
Neugierig	好奇
Praktisch	实际的
Sauber	干净
Unabhängig	独立
Weise	明智的
Zuverlässig	可靠

Urlaub #1
假期 #1

Abreise	离开
Auto	汽车
Entspannung	放松
Expedition	远征
Fahrkarte	票
Flugzeug	飞机
Koffer	手提箱
Museum	博物馆
Regenschirm	伞
Route	行程
Rucksack	背包
See	湖
Strassenbahn	电车
Tourist	游客
Währung	货币
Zoll	海关

Urlaub #2
假期 #2

Ausländer	外国人
Ausländisch	外国
Camping	露营
Flughafen	机场
Freizeit	暇
Hotel	酒店
Insel	岛
Karte	地图
Meer	海
Pass	护照
Reise	旅程
Restaurant	餐厅
Strand	海滩
Taxi	出租车
Transport	运输
Urlaub	假期
Visum	签证
Zelt	帐篷
Ziel	目的地
Zug	火车

Vögel
鸟类

Adler	鹰
Ei	蛋
Ente	鸭
Eule	猫头鹰
Flamingo	火烈鸟
Gans	鹅
Huhn	鸡
Krähe	乌鸦
Kuckuck	杜鹃
Möwe	鸥
Papagei	鹦鹉
Pelikan	鹈鹕
Pfau	孔雀
Pinguin	企鹅
Reiher	苍鹭
Schwan	天鹅
Spatz	麻雀
Storch	鹳
Taube	鸽子
Toucan	巨嘴鸟

Wandern
徒步

Berg	山
Camping	露营
Führer	指南
Gefahren	危害
Gipfel	峰会
Karte	地图
Klima	气候
Klippe	悬崖
Müde	累
Natur	大自然
Orientierung	方向
Schwer	重
Sonne	太阳
Steine	石头
Stiefel	靴子
Tiere	动物
Vorbereitung	准备
Wasser	水
Wetter	天气
Wild	荒野

Wasser
水

Bewässerung	灌溉
Dampf	蒸汽
Dusche	淋浴
Eis	冰
Feucht	潮湿
Feuchtigkeit	湿度
Fluss	河
Flut	洪水
Frost	霜
Geysir	间歇泉
Hurrikan	飓风
Kanal	运河
Monsun	季风
Ozean	海洋
Regen	雨
Schnee	雪
See	湖
Verdunstung	蒸发
Wellen	波浪

Wetter
天气

Atmosphäre	大气
Blitz	闪电
Brise	微风
Donner	雷声
Dürre	干旱
Eis	冰
Himmel	天空
Hurrikan	飓风
Klima	气候
Monsun	季风
Nebel	雾
Polar	极地
Regenbogen	彩虹
Sturm	风暴
Temperatur	温度
Tornado	龙卷风
Trocken	干燥
Tropisch	热带
Wind	风
Wolke	云

Wissenschaft
科学

Atom	原子
Chemisch	化学的
Daten	数据
Evolution	进化
Experiment	实验
Fossil	化石
Hypothese	假设
Klima	气候
Labor	实验室
Methode	方法
Mineralien	矿物
Moleküle	分子
Natur	大自然
Organismus	生物
Partikel	粒子
Pflanzen	植物
Physik	物理
Schwerkraft	重力
Tatsache	事实
Wissenschaftler	科学家

Wissenschaftliche Disziplinen
科学学科

Anatomie	解剖学
Archäologie	考古学
Astronomie	天文学
Biochemie	生物化学
Biologie	生物学
Botanik	植物学
Chemie	化学
Geologie	地质学
Immunologie	免疫学
Kinesiologie	运动学
Linguistik	语言学
Mechanik	力学
Mineralogie	矿物学
Neurologie	神经学
Ökologie	生态学
Physiologie	生理学
Psychologie	心理学
Soziologie	社会学
Thermodynamik	热力学
Zoologie	动物学

Zahlen
数字

Acht	八
Achtzehn	十八
Dezimal	十进制
Drei	三
Dreizehn	十三
Fünf	五
Fünfzehn	十五
Neun	九
Neunzehn	十九
Null	零
Sechs	六
Sechzehn	十六
Sieben	七
Siebzehn	十七
Vier	四
Vierzehn	十四
Zehn	十
Zwanzig	二十
Zwei	二
Zwölf	十二

Zeit
時間

Gestern	昨天
Heute	今天
Jahr	年
Jahrhundert	世纪
Jahrzehnt	十年
Jährlich	每年
Jetzt	现在
Kalender	日历
Minute	分钟
Mittag	中午
Monat	月
Morgen	早晨
Nach	后
Nacht	晚上
Stunde	小时
Tag	日
Uhr	时钟
Vor	以前
Woche	周
Zukunft	未来

Zirkus
马戏团

Affe	猴子
Akrobat	杂技演员
Ballons	气球
Clown	小丑
Elefant	大象
Fahrkarte	票
Jongleur	杂耍
Kostüm	服装
Löwe	狮子
Magie	魔法
Musik	音乐
Parade	游行
Spektakulär	壮观
Tiere	动物
Tiger	老虎
Trick	诡计
Zauberer	魔术师
Zelt	帐篷
Zuschauer	观众

Zu Füllen
要填写

Becken	盆地
Box	盒子
Eimer	桶
Flasche	瓶子
Karton	纸箱
Koffer	手提箱
Korb	篮子
Krug	罐
Mappe	文件夹
Rohr	管
Schublade	抽屉
Tablett	托盘
Tasche	口袋
Umschlag	信封
Vase	花瓶
Wanne	浴缸

Gratuliere

Sie haben es geschafft !!

Wir hoffen, dass euch dieses Buch genauso viel Spaß gemacht hat wie uns dessen Herstellung. Wir tun unser Bestes, um qualitativ hochwertige Spiele zu erfinden. Diese Rätsel sind auf eine clevere Art und Weise entworfen, damit sie aktiv lernen und daran Vergnügen finden.

Hat ihnen das Buch gefallen ?

Eine einfache Bitte

Unsere Bücher existieren dank der Rezensionen, die sie veröffentlichen. Können sie uns helfen indem sie jetzt eine Meinung hinterlassen ?

Hier ist ein kurzer Link, der Sie zu ihrer Bewertungsseite führt

BestBooksActivity.com/Rezension50

MONSTER HERAUSFÖRDERUNGEN !

Herausförderung 1

Bereit für ihr Bonusspiel? Wir verwenden sie ständig, aber sie sind nicht einfach zu finden. Es sind die Synonyme !

Notieren sie 5 Wörter, die sie in den untenstehenden Rätseln (Nummer 21, 36 und 76) entdeckt haben und versuchen sie für jedes Wort 2 Synonyme zu finden .

*Notieren sie 5 Wörter aus **Rätsel 21***

Wörter	Synonym 1	Synonym 2

*Notieren sie 5 Wörter aus **Rätsel 36***

Wörter	Synonym 1	Synonym 2

*Notieren sie 5 Wörter aus **Rätsel 76***

Wörter	Synonym 1	Synonym 2

Herausförderung 2

Jetzt, wo sie warm sind, notieren sie 5 Wörter, die sie in jedem der untenaufgeführten Rätseln entdeckt haben (Nummer 9, 17 und 25) und versuchen sie für jedes Wort 2 Antonyme zu finden. Wie viele davon können sie binnen 20 Minuten finden ?

Notieren sie 5 Wörter aus **Rätsel 9**

Wörter	Antonym 1	Antonym 2

Notieren sie 5 Wörter aus **Rätsel 17**

Wörter	Antonym 1	Antonym 2

Notieren sie 5 Wörter aus **Rätsel 25**

Wörter	Antonym 1	Antonym 2

Herausförderung 3

Wunderbar, diese Monster Herausförderung 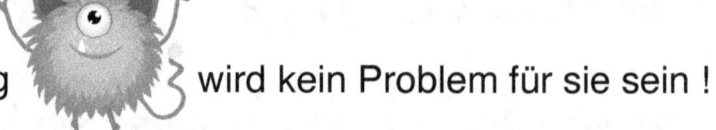 wird kein Problem für sie sein !

Bereit für die letzte Herausförderung? Wählen sie ihre 10 Lieblingswörter aus, die sie in einem Rätsel entdeckt haben und notieren sie sie unten.

1.	6.
2.	7.
3.	8.
4.	9.
5.	10.

Die Aufgabe besteht nun darin mit diesen Wörtern und in maximal sechs Sätzen einen Text herzustellen über eine Person, ein Tier oder ein Ort den sie lieben !

Tipp : sie können die letzten leeren Seiten dieses Buches als Entwurf verwenden

Ihr Schreiben :

_____

_____

_____

_____

_____

_____

_____

_____

NOTIZBUCH :

AUF BALDIGES WIEDERSEHEN !

Linguas Classics

KOSTENLOSE SPIELE GENIESSEN

GO

↓

BESTACTIVITYBOOKS.COM/FREEGAMES